W0281666

PROMESSES D'UNE VIE LIBÉRÉE

RODOLPHE OBERBEK

PROMESSES D'UNE VIE LIBÉRÉE

Afin de sortir des prisons de son enfance

Préface de
FRANÇOISE CARON

LES ÉDITIONS DU CERF

Toutes les références bibliques sont tirées de la Bible de Louis Segond, 1910.

Agent littéraire : Ruben Nussbaumer – nussbaumer-agent@gmail.com

© *Les Éditions du Cerf*, 2024
www.editionsducerf.fr
24, rue des Tanneries
75013 Paris

ISBN : 978-2-204-15530-4

Préface

C'est avec beaucoup de simplicité et d'authenticité que Rodolphe aborde sa relation avec le Père pour parler de son regard sur la parentalité.

Dans son parcours personnel, aux côtés de son épouse Fanny, il a pu vérifier les nombreuses conséquences des dysfonctionnements au sein des familles. Ceux-ci blessent les enfants. Ils entravent leur croissance psychique. Ils font d'eux des adultes dont les bleus à l'âme occasionnent des douleurs profondes et souvent indicibles.

Rodolphe et Fanny ont su puiser en Dieu cet amour inconditionnel qui leur a permis d'être « père et mère d'accueil » pour plusieurs enfants confiés par l'aide sociale à l'enfance.

La famille dans tous ses états, est voulue par Dieu comme lieu de la démonstration de l'amour et de la transmission. Mais elle a été altérée par le péché. Elle a été malmenée par des idéologies centrées sur l'individu aux dépens du collectif. Elle a été dénaturée par des concepts où tout se vaut, où tout est égal sans altérité.

Ce constat des réalités familiales suscite chez Rodolphe le désir profond d'être à son service pour la bénir. Le regard qu'il pose sur « l'enfant blessé » est toujours empreint d'espérance. Elle stimule sa recherche de ce qui contribuera à la guérison et à la réconciliation avec le Père céleste. Tout ceci, rappelle Rodolphe, passe par notre propre capacité à aimer, à ouvrir nos cœurs et nos bras comme des parents ou des grands frères de substitution.

Ainsi, homme, époux, père et pasteur, il conjugue ce qu'il a appris de la vie, de Dieu, de ses pairs, au présent et au futur pour se mettre à disposition des parents, des enfants et des jeunes.

Il a rejoint les Associations Familiales Protestantes en 2020 en coordonnant une vaste enquête sociologique pour mieux connaître les familles protestantes évangéliques. Il a ensuite intégré son conseil d'administration et celui, en 2023, de l'Union Nationale des Associations Familiales (UNAF). Son engagement à nos côtés, son apport théorique et pratique, sont autant d'atouts qu'il sait mettre avec sensibilité et générosité au service du mouvement familial protestant.

C'est cette même sensibilité et générosité qu'il partage dans ce livre.

Françoise Caron
Présidente de la Fédération Nationale des Associations Familiales Protestantes

Introduction

Un de mes plus anciens souvenirs d'enfance date de mes années de maternelle. C'était la fin de la journée et comme tous les enfants, j'attendais impatiemment que quelqu'un vienne me chercher. Je voyais le défilé des parents partant avec leurs enfants, et moi, je restai seul. Le petit de cinq ans que j'étais, commençait donc à angoisser en se posant des questions existentielles ! Mes parents m'ont-ils oublié ? Pourquoi suis-je resté seul dans cette école ? À cet âge, l'enfant n'a pas la même relation au temps qu'un adulte et cinq minutes lui semblent une éternité ! Je me souviens que mon père est arrivé, n'ayant sûrement pas conscience de ce que je vivais intérieurement en ce moment. Nous sommes rentrés à la maison et comme tout enfant je suis probablement parti jouer, donnant l'impression que rien de grave n'était arrivé pour moi. Mais la réalité est que je me souviens encore de cet événement et de ce qu'il a laissé en moi émotionnellement parlant. Il a encore aujourd'hui une influence sur moi ; pour cause, je demeure très sensible au fait qu'un enfant reste le dernier à l'école en attendant ses parents qui n'arrivent pas !

Quels événements de votre enfance vous ont-ils réellement marqué(e) ? Plutôt que d'énumérer des souvenirs particuliers je poserai une autre question : Que ressentez-vous en pensant à votre enfance ? De la joie ou de la tristesse ? Un sentiment paisible ou une profonde crainte ? De la satisfaction ou des désillusions ?

Le vécu de notre enfance, qu'il soit heureux ou malheureux, imprègne inconsciemment notre vie d'adulte. Ce qui a été construit à travers l'éducation de nos parents, de notre scolarité, de nos amitiés et d'autres domaines sont autant de pierres qui forment notre maison d'adulte. Peut-être aimeriez-vous, dans cette maison faire disparaître ce qui vous rappelle un événement malheureux mais nous le savons, c'est impossible ! Impossible d'effacer de notre mémoire les tragédies de notre enfance et de réécrire notre histoire !

J'ai rencontré de nombreuses personnes dont le récit dramatique de leur enfance est devenu la prison de leur vie d'adulte. Dans une certaine mesure, je suis aussi l'une de ces personnes. Mais j'ai appris à reconnaître mes entraves et à en sortir grâce à Dieu. J'aurais pu être cet homme qui, enfermé dans son passé, déclare d'une manière poétique :

> J'ai grandi sans sourires,
> J'ai vieilli sans vivre.
> Secoué par leur guerre sans armes,
> Au milieu de leur mêlée sans état d'âme.
>
> Laissant leur enfant privé d'avenir,
> Piétinant ce qu'il voulait devenir.
> Trop occupés à leurs combats du général,
> Je ne suis que leur dommage collatéral.
>
> Sans souvenir pour espérer demain,
> Ma vie présente ne compte pour rien.
> Le seul rêve qui efface ma souffrance
> Est l'impossible d'une nouvelle enfance.

J'ai écrit ce texte en pensant au vécu de l'enfant, pris dans le feu des disputes parentales pleines de violences. Il permet d'illustrer le fait que de nombreuses souffrances et angoisses d'adulte prennent naissance dans l'enfance, comme la peur d'être abandonné, le sentiment de rejet ou le repli sur soi.

De plus, j'ai voulu montrer que l'idée de vouloir changer son enfance est une voie sans issue. Nos douleurs actuelles ne peuvent pas disparaître comme par enchantement ! C'est une illusion de croire pouvoir changer sa vie présente en faisant fi de son passé. Mais cela ne veut pas dire que notre passé d'enfant, avec tous ses événements douloureux, nous enferme à jamais dans une prison de souffrances. Les Évangiles, présentent à toute personne, la seule possibilité de transformer le rêve en réalité ! Jésus déclare à Nicodème : *En vérité, en vérité, je te le dis, si un homme ne naît de nouveau, il ne peut voir le royaume de Dieu.* (Jn 3,3)

Nicodème, comme nous tous, met en avant l'impossibilité de naître de nouveau quand on est vieux ! Il ne peut concevoir autrement que d'une façon humaine la proposition de Jésus. Sauf que Jésus ne parle pas d'une naissance humaine avec des parents biologiques mais d'une naissance d'en haut opérée par l'Esprit Saint.

Jésus répondit : En vérité, en vérité, je te le dis, si un homme ne naît d'eau et d'Esprit, il ne peut entrer dans le royaume de Dieu. Ce qui est né de la chair est chair, et ce qui est né de l'Esprit est esprit. (Jn 3,5-6)

Cette parole bouscule Nicodème dans ses conceptions même de la vie. Pourtant il est docteur de cette loi qui est *la règle de la science et de la vérité* (Rm 2,20). Or Jésus transmet un enseignement ignoré par Nicodème, un enseignement porteur de la véritable vie.

La proposition divine pour tous les hommes est de leur offrir la possibilité de commencer une nouvelle vie ! Et comme toute vie, elle commence par une naissance qui, on peut le supposer, sera suivie d'un développement, étape par étape, permettant au nouveau-né de devenir adulte.

Nicodème est devant un blocage car il comprend la parole de Jésus comme étant un retour dans son passé. *Comment un homme peut-il naître quand il est vieux ? Peut-il rentrer dans le sein de sa mère et naître ?* (Jn 3,4) *Comment cela peut-il se faire ?* (Jn 3,9)

Mais Jésus ne parle pas de remonter le temps et de nous faire revivre notre enfance ; bien au contraire, puisqu'Il nous annonce un formidable bond en avant. Il vient dégager l'horizon de notre avenir en nous introduisant dans une nouvelle existence.

Jésus ne nous propose pas de faire disparaître nos souffrances en gommant la réalité de notre passé, mais Il vient donner du sens à notre vie présente en nous parlant de la vie d'en haut ! Ainsi je suis persuadé que, si nous saisissons toutes les dimensions de cette nouvelle vie offerte par Dieu, nos souffrances d'aujourd'hui liées à notre enfance ne nous conduiront plus dans des impasses. La nouvelle naissance proposée par Dieu est la clef qui ouvre nombre de nos prisons d'enfance.

Nicodème demande à Jésus comment cela peut se réaliser. Nous pourrions nous aussi nous questionner sur le comment de cette nouvelle vie introduite par la nouvelle naissance. Pour le comprendre, il faut passer de la conception visible à la conception invisible de la vie et des réalités terrestres aux réalités célestes. Car toute vie trouve son origine en Dieu, autant dans le visible que dans l'invisible. En partant du principe que la vie terrestre possède la même source que la vie céleste accordée en Jésus, je propose une affirmation. Notre vie d'en haut et notre vie d'en bas sont régies par les mêmes principes divins. Le même Dieu est à l'origine de notre création et de notre nouvelle création ! Le Dieu Créateur est aussi le Dieu Sauveur qui, par Jésus, nous annonce une nouvelle création. À ce sujet l'apôtre Paul déclare : *Si quelqu'un est en Christ, il est une nouvelle créature. Les choses anciennes sont passées ; voici, toutes choses sont devenues nouvelles.* (2 Co 5,17-18)

« Être créé à nouveau », c'est entrer dans un nouveau processus de développement débutant par une naissance d'en haut. Ne pourrions-nous pas dire alors que ce nouveau développement est constitué des mêmes stades que le développement humain terrestre ? Aujourd'hui les connaissances à ce sujet ont bien évolué. Au cours des dernières décennies, des découvertes majeures ont été faites concernant la personne humaine. Les apports de la biologie, de la neurologie, de la psychologie, de l'anthropologie, de la sociologie sont nombreux et pertinents. Sans élever les connaissances scientifiques au rang de vérité absolue, ne les négligeons pas car elles viennent confirmer ou éclairer des principes divins. Par exemple, nous savons d'une manière scientifique, que le contexte affectif est primordial dans le développement de l'enfant. Cela confirme les nombreux textes bibliques évoquant la portée du domaine affectif à l'égard de toutes les relations.

Il est temps, maintenant, de commencer votre cheminement de vie fort de la vie d'en haut reçue en Jésus et des possibilités offertes par une meilleure compréhension des lois humaines.

I

LE COMMENCEMENT DE MA VIE

Besoin d'un père et d'une mère

L'article 7 de la Convention Internationale des droits de l'enfant déclare : « L'enfant est enregistré aussitôt sa naissance et a, dès celle-ci, le droit à un nom, le droit d'acquérir une nationalité et, dans la mesure du possible, le droit de connaître ses parents et d'être élevé par eux. »

Tout enfant dans l'ignorance de qui sont ses parents se trouve amputé d'un droit qui n'est pas accessoire mais bel et bien essentiel. Pour bien se construire, il est nécessaire de savoir qui sont ses parents biologiques même s'ils sont défaillants. Les enfants placés et adoptés arrivant à l'adolescence ont un point commun : ils ont besoin de faire leur arbre généalogique. Ignorer qui sont nos parents aura toujours des répercussions dans notre vie d'adulte.

Ce droit fait écho à ce que Dieu a établi en tant que créateur : tout enfant doit avoir des parents qui devraient, dans la mesure du possible, être ceux qui l'ont conçu. La description de la naissance de Jésus mentionne en premier qui sont ses parents. Même si la conception de Jésus est hors norme, Marie est désignée comme sa mère et Joseph comme son père. Il est même question de son arbre généalogique. Jésus est passé par la case embryon, fœtus et naissance ! Les principes créationnels de toute vie sur terre sont ainsi respectés.

La nouvelle naissance ne peut pas échapper à cette règle de base et nécessite la réponse à la question : qui, dans cette nouvelle vie, sont mes parents ? Dans son dialogue avec Nicodème Jésus montre clairement que Dieu est à l'origine de cette nouvelle naissance. Il en est même le concepteur.

> *Ce qui est né de la chair est chair, et ce qui est né de l'Esprit est esprit. Ne t'étonne pas que je t'aie dit : Il faut que vous naissiez de nouveau. Le vent souffle où il veut, et tu en entends le bruit ; mais tu ne sais d'où il vient, ni où il va. Il en est ainsi de tout homme qui est né de l'Esprit.* (Jn 3,6-8)

Jésus, qui est né d'en bas, est aussi né d'en haut. Il a été conçu par l'action du Saint-Esprit et il nous propose de vivre la même réalité. Jésus est le fils de Marie et de Joseph ; mais Il est aussi le Fils de Dieu. Notre relation avec Dieu devient ainsi la relation d'un enfant avec ses parents. Dans ce type de relation, la posture divine est évidemment celle d'un père. Néanmoins, c'est oublier que les représentations de Dieu dans la Bible sont aussi celles d'une mère. Penser Dieu exclusivement comme Père, nous induit en erreur car c'est envisager Dieu uniquement à travers une conception masculine ! De même nous nous trompons si nous considérons Dieu uniquement dans un cadre féminin. L'important est de reconnaître que Dieu n'est ni un homme, ni une femme mais qu'Il est autant masculin que féminin.

Nous avons tous une représentation de Dieu partielle et souvent sexuée ! Pour s'en convaincre prenez le temps de réfléchir au moment où vous parlez à Dieu. En vous, est-ce l'image d'un homme ou d'une femme qui apparaît ? Sans entrer dans une étude théologique poussée, relisons le premier récit de la création de l'homme.

Puis Dieu dit : Faisons l'homme à notre image, selon notre ressemblance, et qu'il domine sur les poissons de la mer, sur les oiseaux du ciel, sur le bétail, sur toute la terre, et sur tous les reptiles qui rampent sur la terre. Dieu créa l'homme à son image, il le créa à l'image de Dieu, il créa l'homme et la femme. (Gn 1,26-27)

L'image de Dieu n'est ni celle d'un homme, ni celle d'une femme mais les deux ensemble. Donc en Dieu nous trouvons autant le féminin que le masculin ! C'est dans la Genèse au chapitre 2 qu'il y a séparation du masculin et du féminin permettant ainsi la seule union qui pourra engendrer la vie sur terre ; celle de l'homme d'avec la femme. Les principes créationnels seront ainsi respectés dans la nouvelle création si nous admettons qu'elle nécessite autant l'apport du féminin que du masculin, autant les fonctions maternelles que paternelles. Ainsi en Dieu nous trouvons de nouveaux parents dans cette nouvelle vie proposée par Jésus et en lui. Évidemment nous ne sommes plus au niveau biologique mais il s'agit de représentations des réalités célestes.

En nous approchant de Dieu nous entrons donc en relation avec Celui qui concentre en sa personne les fonctions paternelles et maternelles. Bien que Dieu soit appelé le Père céleste et parfait n'oublions pas que toutes ses interventions dans notre existence le sont aussi à l'image d'une mère pour son enfant. Si vous avez eu des parents défaillants alors en Dieu de nouveaux parents se présentent à vous. Il ne s'agit pas d'effacer votre passé terrestre mais de découvrir la réalité paternelle et maternelle à sa source, c'est-à-dire en Dieu. Et ainsi de trouver en Lui des issues aux impasses dans lesquelles les souffrances de votre enfance vous ont enfermé(e).

Pour tous les parents, savoir que le père et la mère existent en Dieu, assure autant aux pères qu'aux mères de trouver le soutien dans leur tâche parentale. Découvrir comment Dieu agit pour nous faire grandir de la stature d'enfant à celle d'adulte nous permet d'agir de même envers nos enfants.

Conçu(e) par Dieu

Seul Dieu est capable de créer la vie là où aucune vie n'existe. Bien qu'en matière de procréation médicalement assistée (PMA) les évolutions sont impressionnantes, il y aura toujours besoin de l'apport du spermatozoïde d'un homme et l'apport de l'ovule d'une femme. Nous ne sommes que des procréateurs, seul Dieu est créateur. La fécondation nécessite la présence d'une différence qui ne pourra jamais être effacée. Seule cette différence entre les fonctions procréatrices masculines et féminines permet la conception d'un enfant. Cette réalité humaine est une image de ce qui s'opère en Dieu. Lui qui est autant masculin que féminin, Il nous conçoit dans notre nouvelle naissance en mettant en œuvre deux fonctions créatrices distinctes.

Le père donne sa semence

Le rôle de l'homme peut sembler anodin dans la conception d'un enfant mais il reste le seul déclencheur de vie. Le limiter juste à un donneur de sperme n'est pas vraiment aidant pour son futur rôle de père ! Il est écrit dans la Bible que Dieu est le Père donneur de vie par sa semence.

> *Quiconque est né de Dieu ne pratique pas le péché, parce que la semence (sperma) de Dieu*

demeure en lui ; et il ne peut pécher, parce qu'il est né de Dieu. (1 Jn 3,9) *puisque vous avez été régénérés, non par une semence (spora) corruptible, mais par une semence incorruptible, par la parole vivante et permanente de Dieu.* (1 P 1,23)

Le premier texte utilise le mot grec *sperma* pour parler de la semence de Dieu. C'est ainsi que l'être humain est né de Dieu. L'image de la semence de l'homme pour parler de notre nouvelle conception met en avant que la vie biologique réside dans la semence de l'homme.

Dans le second texte c'est le mot *spora* qui est utilisé. La semence correspond, dans le contexte de ce passage, aux grains de pollen d'une fleur. Elle est donc associée à l'aspect sexué mâle de la fleur. Le rapprochement avec la semence de l'homme peut donc aussi se faire. Ce passage précise d'une façon claire ce que représente cette semence au niveau de Dieu : elle est sa Parole vivante et éternelle. Faisant référence aux premiers versets de l'évangile selon Jean nous découvrons que la Parole était au commencement, par elle tout a été créé et la vie réside en elle. Pour nous, être vivants, elle s'est incarnée en Jésus-Christ. Dieu, le Père, nous engendre donc à la vie par sa Parole. Comme pour la semence de l'homme qui nécessite un lieu d'accueil (en l'occurrence l'ovule et le ventre d'une femme) pour engendrer une nouvelle vie, il est écrit que seuls ceux qui accueillent la parole faite chair sont engendrés par Dieu.

> *Mais à tous ceux qui l'ont reçue, à ceux qui croient en son nom, elle a donné le pouvoir de devenir enfants de Dieu, lesquels sont nés, non du sang, ni de la volonté de la chair, ni de la volonté de l'homme, mais de Dieu.* (Jn 1,12-13)

La fonction procréatrice de l'homme est dans l'apport de sa semence de vie ou dit autrement de sa graine de vie. Il en est ainsi de l'action de Dieu dans la fonction créatrice masculine.

La mère accueille et forme le corps

Sans une femme, l'homme ne donne la vie à personne ! De même, une femme sans la semence de l'homme ne peut rien concevoir. La fonction exclusive de la femme est de transformer en un être vivant la semence de vie accueillie dans son propre corps. Suite à la fécondation de son ovule, le processus de multiplication et de différenciation des cellules s'enclenche. La formation du corps du futur nouveau-né se déroule dans le ventre de la femme. C'est merveilleux de pouvoir observer ce corps en formation. Ce nouveau corps pour une nouvelle vie est voulu par Dieu qui est à l'origine de tout ce qui est visible.

David, l'auteur de nombreux psaumes bibliques, met en lien sa propre conception avec l'action de Dieu :

> *C'est toi qui as formé mes reins, qui m'as tissé dans le sein de ma mère. Je te loue de ce que je suis une créature si merveilleuse. Tes œuvres sont admirables, et mon âme le reconnaît bien. Mon corps n'était point caché devant toi, lorsque j'ai été fait dans un lieu secret, tissé dans les profondeurs de la terre.* (Ps 139,13-15)

Au-delà de l'aspect biologique de notre venue au monde, j'affirme que notre corps est l'œuvre de Dieu dans sa nature féminine. Jésus-Christ reconnaît cette œuvre pour lui-même. *C'est pourquoi Christ, entrant dans le monde, dit : Tu n'as voulu ni sacrifice ni offrande, mais tu m'as formé un corps.* (He 10,5)

Cela veut donc dire que notre corps à bien plus d'importance devant Dieu que nous ne pouvons l'imaginer. Didier Dumas, un psychanalyste qui a travaillé avec Françoise Dolto a écrit dans son ouvrage *Sans père et sans parole*[1] : « Accueillant l'homme et sa semence, la mère accueille l'enfant dans son corps pour qu'il y construise le sien… » Une mère qui, dans son corps, a formé un nouveau corps lui donnera beaucoup d'importance. Ainsi est Dieu pour nous.

La mère donne naissance

Seule une femme peut porter un bébé et lui donner naissance. Cela donne un sens particulier à la parole de Jésus pour Nicodème : *En vérité, en vérité, je te le dis, si un homme ne naît d'eau*

1. Didier Dumas, *Sans père et sans parole. La place du père dans l'équilibre de l'enfant*, Hachette Littératures, Pluriel, 1999.

et d'Esprit, il ne peut entrer dans le royaume de Dieu. (Jn 3,5)

L'expression « naître d'eau » peut être interprétée de différentes manières. L'eau parle de purification, mais aussi de nouvelle vie symbolisée à travers le baptême d'eau. Nous lisons que :

> *Nous avons donc été ensevelis avec lui par le baptême en sa mort, afin que, comme Christ est ressuscité des morts par la gloire du Père, de même nous aussi nous marchions en nouveauté de vie.* (Rm 6,4-5)

Notre sortie des eaux du baptême symbolise le début d'une nouvelle vie. J'ose maintenant faire le rapprochement avec le moment de notre naissance humaine. Après neuf mois de développement fœtal dans une poche d'eau, elle se perce et c'est le moment d'en sortir. L'image des douleurs de l'enfantement (Rm 8,22) est aussi utilisée pour indiquer une libération à venir et l'entrée dans une nouveauté. Tout en étant conscient des limites d'une image, cela me fait penser à la mort de Jésus vécue dans d'extrêmes douleurs. Sur la Croix c'est notre libération qui s'opère.

Sur la Croix il y a le passage d'une ancienne à une nouvelle vie. Nous retrouvons donc sur la Croix ce que seule une mère peut opérer : donner naissance !

Dieu, à l'image d'une mère, nous conçoit et nous donne naissance en Jésus-Christ et cela nous montre que notre nouvelle naissance possède spirituellement parlant toutes les caractéristiques des naissances humaines. Dieu peut donc être reconnu par toute femme devenant mère car Il a l'expérience de ce que c'est que former un corps et de sa mise au monde !

Conçu(e) dans l'amour

Avez-vous déjà demandé à vos parents quel a été l'environnement de votre conception ? Le développement de l'être humain n'est pas qu'une affaire de biologie ou de génétique mais surtout d'affectif. Le neuropsychiatre Boris Cyrulnik utilise l'expression de niche sensorielle pour parler de l'environnement nécessaire à la croissance du nouveau-né. Et cela commence même dans le ventre de sa mère.

Avons-nous été conçus et mis au monde dans un environnement d'amour ? Telle est la question.

Certains ont été le résultat d'un acte sexuel dépourvu d'affectif et d'autres ont été l'expression d'un désir individuel donnant au futur enfant plus un statut d'objet que de sujet. Alors que c'est dans l'amour d'un homme et d'une femme que toute personne sur terre devrait être conçue. Un certain nombre d'enfants n'ont pas été accueillis dans ce monde par l'amour de parents bienveillants. À la rigueur, ils ont été acceptés, soignés, éduqués mais l'ancrage d'un sentiment de rejet demeure au plus profond de leur être. Ces adultes dans leur enfance ont, soit entendu directement qu'ils n'avaient pas été désirés, soit compris ce rejet en recevant des bribes de conversations d'adultes.

Il existe aussi un certain nombre d'enfants qui ne connaissent que l'amour maternel et sont également privés de la spécificité de l'amour paternel. Ils passent souvent leur vie à la recherche de cet amour absent. Lorsque Jésus annonce la nouvelle naissance à Nicodème, Il ne manque pas de mettre l'accent sur « Dieu a tant aimé le monde ». Avant même de nous concevoir, son amour était prêt à se manifester et avant même de venir nous retrouver dans notre égarement, Il nous a aimés.

La création de l'homme est une démonstration de l'amour de Dieu, puisqu'Il nous a particulièrement distingués du reste de tous les êtres vivants sur terre. À la création du monde végétal et animal, il est indiqué que Dieu les a créés « chacun dans son espèce », mais pour les hommes il est dit qu'ils ont été créés pour « qu'ils soient à son image ». Oui, l'homme et la femme sont à part dans la création de Dieu ! Créés à l'image de Dieu, nous sommes destinés à refléter l'amour de Dieu à travers ce que nous sommes dans notre nature sexuée. En pratique cela se réalise par l'expression pour les hommes de l'amour paternel et pour les femmes de l'amour maternel. L'amour d'un père et d'une mère envers leurs enfants est différent tout en comportant des similitudes. Le psychanalyste, Didier Dumas, en parlant de certaines conceptions de la paternité a fait la remarque suivante :

La paternité ne repose pas, pour eux, sur des idéaux masculins. Elle se limite à être le complément d'une maman. Soutenant la maternité de leur épouse sur le mode par lequel, ils ont suivi, enfants, leur propre mère. Ils se situent face à leurs enfants, non pas comme des pères responsables de leur présence, mais comme une sorte de grand frère aidant maman dans sa lourde tâche[1].

Comme nous sommes à l'image de Dieu j'affirme que l'amour de Dieu envers ses enfants est autant amour paternel qu'amour maternel.

L'amour du père

Comment le père peut-il aimer l'enfant qu'il ne voit pas encore ? Comment peut-il apprécier cette vie qui est cachée dans le ventre de la mère ? La conception de l'enfant par l'homme est physiquement limitée à l'apport de sa semence à la mère. Son implication comme père ne peut commencer à se manifester que psychiquement. C'est à cause de cette réalité que l'amour du père est différent de celui de la mère. Dieu s'adressant au prophète Jérémie déclare un aspect fondamental de l'amour du père :

Avant que je t'eusse formé dans le ventre de ta mère, je te connaissais, et avant que tu fusses sorti de

1. *Ibid.*

son sein, je t'avais consacré, je t'avais établi prophète des nations. (Jr 1,5)

L'amour de Dieu le Père est de connaître et de choisir son enfant avant même qu'il ne vienne au monde. Nous pourrions dire qu'Il nous porte dans sa tête. Mentalement il nous conçoit, nous imagine, formule des projets sur notre future existence. Comme Dieu, concevoir son enfant dans l'amour en tant que père, c'est déclarer : « Je t'ai choisi comme fils bien-aimé avant même que tu naisses. »

Pour ceux qui n'ont pas connu la profondeur de l'amour paternel, pour ceux qui ont l'impression d'être venus par accident, Dieu le Père t'affirme que tu es voulu de Lui. Votre venue sur terre n'est pas un accident pour Lui. Mieux encore Il vous propose d'entrer dans une destinée qui consiste, non en actions selon sa volonté mais, en une vie qui montre tout son projet d'amour. La particularité de l'amour du Père est qu'il se situe à un niveau plus abstrait que celui d'une mère que je décrirai ensuite. Lorsque Jésus parle de « naître d'eau et d'esprit », Il met l'accent sur ce qui est le don spécifique du père : son esprit.

Si donc, méchants comme vous l'êtes, vous savez donner de bonnes choses à vos enfants, à combien plus forte raison le Père céleste donnera-t-il le Saint-Esprit à ceux qui le lui demandent. (Lc 11,13)

C'est l'Esprit de Dieu en nous qui déclare à notre esprit que nous sommes enfants de Dieu (Rm 8,16). Plus encore, il est écrit qu'Il nous conduits et qu'Il nous fait vivre. Nous pouvons dire que l'Esprit du Père en nous, nous élève au rang le plus haut du fils de Dieu !

Est-ce que l'esprit de notre père terrestre produit le même effet en nous aujourd'hui ? Tout père humain transmet à ses enfants une part de son esprit, c'est-à-dire un ensemble de paroles, d'injonctions, de promesses ou de menaces qui vont le conduire, le faire vivre ou le faire mourir psychologiquement parlant. L'amour paternel est moteur d'élévation pour l'enfant en ce qu'il lui transmet intérieurement ce qui lui permettra de devenir un adulte. Ainsi est l'amour de Dieu le Père pour tous ses enfants.

L'amour de la mère

Il est souvent plus facile de décrire l'amour maternel que l'amour paternel car il est plus visible et plus concret. Cela ne veut pas dire qu'un père n'a pas un amour visible et concret pour son enfant mais je mets en avant ici les spécificités de l'un et de l'autre.

Le privilège d'une mère est de porter son enfant dans son ventre pendant neuf mois, ce que le père ne pourra jamais vivre ! Ce qui explique que son amour est concret puisqu'elle nourrit, dès sa conception, ce petit qui se forme en elle. La mère et l'enfant vivent dans une véritable fusion physique qui ne pourra disparaître qu'à l'accouchement lorsque le cordon ombilical sera coupé. Pour la majorité des mamans, il est normal de prendre soin et d'entourer son petit à la naissance car elle l'a déjà fait pendant neuf mois. L'apôtre Paul rappelle dans une image ces qualités maternelles :

> *Mais nous avons été pleins de douceur au milieu de vous. De même qu'une nourrice prend un tendre soin de ses enfants, nous aurions voulu, dans notre vive affection pour vous, non seulement vous donner l'Évangile de Dieu, mais encore nos propres vies, tant vous nous étiez devenus chers.* (1 Th 2,7-8)

Prendre soin et entourer de tendresse sont deux manifestations marquantes de l'amour d'une mère pour son enfant. Et dans notre nouvelle naissance nous retrouvons cet amour maternel en Dieu puisqu'il est écrit :

> *Et vous serez allaités ; vous serez portés sur les bras, et caressés sur les genoux. Comme un homme que sa mère console, ainsi je vous consolerai.* (Es 66,12-13)

Dieu qui a formé notre corps et nous a fait naître à nouveau en Jésus-Christ nous assure de son amour parfait à l'image de celui d'une mère. Il me console, m'entoure, me porte, me soigne et me nourrit comme une maman le ferait pour son petit. Cette manifestation d'amour est essentielle pour le nouveau-né afin de grandir dans la confiance. Si vous ne l'avez pas reçu de la part de votre propre mère alors en Dieu vous pouvez le trouver aujourd'hui et en cas de besoin.

Notre société actuelle a énormément valorisé l'amour maternel et même placé celui-ci comme le modèle d'amour parental par excellence. Il est vrai qu'il est essentiel mais pas suffisant car sans l'amour du père élevant l'enfant au rang d'adulte celui-ci risque de demeurer l'éternel bébé à sa maman ! En tant qu'enfant de Dieu nous avons besoin de son amour maternel qui nous console mais aussi de son amour paternel qui nous pousse à grandir et à devenir des adultes.

Ce texte que j'ai écrit nous rappelle que nombreux sont ceux qui sont insatisfaits par la relation avec leurs parents. Au lieu de se morfondre dans son passé, il nous invite à chercher l'amour vrai en Dieu qui est père et mère pour tous.

> J'ai grandi sans sourires,
> J'ai vieilli sans vivre.
> Secoué par leur guerre sans armes,
> Au milieu de leur mêlée sans état d'âme.
>
> Laissant leur enfant privé d'avenir,
> Piétinant ce qu'il voulait devenir.
> Trop occupés à leurs combats du général,
> Je ne suis que leur dommage collatéral.

Le commencement de ma vie

Sans souvenir pour espérer demain,
Ma vie présente ne compte pour rien.
Le seul rêve qui efface ma souffrance
Est l'impossible d'une nouvelle enfance.

Mes pensées se perdent dans la brume
De ceux qui me promettent la lune…
Quand vient à moi, portée par l'écho,
La parole d'un monde nouveau.

La promesse d'une autre naissance
Me séduit, ravivant mon espérance.
Du ciel, traversant toutes frontières,
L'amour vrai d'un père et d'une mère
Offre à mon rêve son existence.

Une pause pour ma vie

Quelles seraient, selon vous, les qualités essentielles d'une mère ?

....

....

....

Quelles seraient, selon vous, les qualités essentielles d'un père ?

....

....

....

Prenez un temps de silence devant Dieu en pensant aux qualités que vous avez inscrites précédemment. Demandez à Dieu de pouvoir mieux goûter à son amour comme celui d'un père et d'une mère. Laissez votre Père céleste vous remplir de son amour.

II

LA CONFIANCE DANS MA VIE

Selon le psychanalyste américain Erik H. Erickson (1902-1994), le bébé de moins de deux ans vivrait sa première crise identitaire. Elle fait partie d'une théorie du développement humain constituée de huit grandes crises psychosociales. Erikson parle de cette étape ainsi : « L'enfant perçoit le monde comme un milieu sûr et répondant à ses besoins dans certaines situations et comme un milieu imprévisible et inconfortable dans d'autres (ne répondant pas immédiatement à ses besoins) ».

Nous, les adultes, avons oublié que, pour un nouveau-né, ce monde lui est totalement inconnu. Alors qu'il avait, dans le ventre de sa mère, une nourriture à volonté et immédiate, il se retrouve dans un monde où ce n'est plus le cas. Alors que les sensations de chaud et de froid lui étaient inconnues pendant ces neuf premiers mois d'existence, le voici dans un environnement à la température changeante. Pour comprendre ce qu'il vit, imaginez-vous habiter dans une région où vous avez tout ce dont vous avez envie et immédiatement, où la température est idéale, où rien ne vient agresser vos oreilles et vos yeux. Ensuite imaginez que quelqu'un vienne vous extirper de manière brutale de cet environnement idéal pour vous conduire dans un lieu où tous vos sens sont comme agressés par le milieu extérieur et où vous connaissez pour la première fois la sensation de faim et de soif ! C'est tout cela que vit le bébé en venant au monde ! Vous comprenez qu'il y a de quoi vivre une crise existentielle ! La transition du ventre de la mère au monde extérieur est à considérer comme un grand traumatisme pour le nourrisson. Il se retrouve subitement et sans préparation dans un milieu hostile avec toute la réalité de ses incapacités : L'incapacité intellectuelle de comprendre cet environnement nouveau, l'incapacité physique de répondre par lui-même à ses propres besoins et l'incapacité affective de se rassurer devant tant d'inconnu. Mais heureusement il n'est pas tout seul, ses parents sont là pour le rassurer en répondant à ses besoins et lui apprendre à appréhender avec confiance ce monde inconfortable.

Le premier rôle des parents (et en particulier de la mère) n'est pas uniquement de donner de la nourriture et de tenir au chaud le bébé mais de le sécuriser par leur amour. C'est par l'expression bienveillante de leur amour qu'ils lui apprendront la confiance fondamentale qui est le socle de la construction d'un adulte solide dans un monde instable. Face aux angoisses montantes, à la peur facile, aux inconforts et douleurs physiques, le bébé est en attente d'une réponse. S'il trouve des parents qui le sécurisent et l'apaisent, alors il résoudra la crise par la confiance. Mais si ses parents ne lui apportent pas ces choses, alors il nourrira de la méfiance qui fera de lui un adulte anxieux, incapable de vivre des relations de confiance avec les autres.

Quel que soit le type d'adulte que nous sommes, ce qui nous rassure aujourd'hui est qu'une nouvelle possibilité d'apprendre la confiance nous est proposée. Par notre introduction dans la nouvelle vie offerte en Jésus-Christ, Dieu veut commencer à nous apprendre la confiance. Devenir une nouvelle créature c'est entrer en relation avec Dieu, qui est comparable à un père et une mère parfaits. Il agit envers chacun de ses enfants avec une bienveillance sans failles. Son but est de nous permettre de vivre avec confiance dans un monde tellement inconfortable !

Je précise que la confiance dont je parle n'est pas seulement la confiance en Dieu, mais un état général qui permet d'affronter ce monde sans se laisser emprisonner par toutes sortes d'angoisses.

Mise en place du cocon divin

Je me souviens d'une discussion avec une croyante qui, suite à de nombreuses déceptions, doutait de son mari. Elle me partageait, entre autres, que son mari lui reprochait de manquer de foi. Ce à quoi je lui ai dit, pour la rassurer, qu'elle ne manquait pas de foi mais de confiance envers son mari et que c'était normal au vu de ses agissements. Ne nous trompons pas, la confiance n'est ni une chose innée, ni un acquis définitif. Dans nos relations, ce sont le temps et le vécu qui engendrent la confiance ou la méfiance envers une personne.

De même nous n'apprenons pas la confiance en Dieu par l'accumulation de connaissances théologiques, mais par le vécu relationnel avec Lui. Croire dans l'inspiration des Écritures et en l'existence de Dieu ne suffit pas pour être plein de confiance. Nous avons besoin de vivre intensément des expériences que la parole suivante résume clairement :

> *Ce qui était dès le commencement, ce que nous avons entendu, ce que nous avons vu de nos yeux, ce que nous avons contemplé et que nos mains ont touché, concernant la parole de vie, car la vie a été manifestée, et nous l'avons vue et nous lui rendons témoignage, et nous vous annonçons la vie éternelle, qui était auprès du Père et qui nous a été manifestée, ce que nous avons vu et entendu, nous vous l'annonçons, à vous aussi, afin que vous aussi vous soyez en communion avec nous. Or, notre communion est avec le Père et avec son Fils Jésus-Christ.* (1 Jn 1,1-3)

Les verbes employés dans ce passage nous montrent de quelle manière nous sommes appelés à vivre la communion avec Dieu et finalement de quelle manière nous apprenons cette confiance qui nous sécurise dans notre quotidien.

Précédemment, j'ai évoqué la notion de niche sensorielle nécessaire au bon développement du nourrisson. Elle a même une influence sur la formation du fœtus. De nombreuses études ont montré le profond impact d'un environnement stimulant et sécurisant sur la construction du cerveau du bébé dans le ventre de sa mère et dans ses premiers mois de vie. Les paroles, premièrement de la mère, puis celles du père sont de première importance pour bâtir une belle niche sensorielle autour de leur enfant.

De même Dieu, agissant en tant que père et mère, construit dans nos premiers mois de nouvelle vie un cocon protecteur et stimulant afin de nous apprendre la confiance.

Des paroles porteuses de vie

Au commencement était la Parole... (Jn 1,1)

Ce qui était dès le commencement, ce que nous avons entendu...

Quelques semaines après sa conception, il a été observé que le fœtus réagissait aux ondes sonores. Ainsi, dès le ventre de sa mère, il se familiarise avec certaines fréquences de la voix de sa mère et de son père. D'où l'importance de lui parler pendant le temps de la grossesse. La parole de parents bienveillants, alors reconnue par le nouveau-né, deviendra une parole sécurisante, stimulante et porteuse de vitalité. Tous les spécialistes recommandent d'ailleurs de parler à son enfant, même s'il ne possède pas encore la capacité de langage verbal. Sachons aussi que tous nos bruitages originaux, genre babillage, sont bénéfiques à notre petit.

Je peux donc facilement faire le lien concernant ma relation avec Dieu, qui se présente à toute personne comme la Parole incarnée. Aujourd'hui, cette Parole vient à nous à travers une multitude de paroles. Personnellement, avant de me décider à m'engager avec Jésus, j'ai entendu le récit d'une expérience avec Dieu, la citation de paroles de la Bible, des chants exprimant la reconnaissance envers Dieu, des prières, des prédications… Ces nombreuses paroles d'hommes parvenant à mes oreilles portaient en elles la Parole de Dieu. Avant même de naître de nouveau, sans la comprendre, la Parole de Dieu agissait sur ma vie comme pour ce fœtus dans le ventre de sa mère. Suite à notre nouvelle naissance, Dieu continue de nous parler chaque jour comme un père et une mère aimants envers leur enfant. Chaque parole divine de réconfort, de bénédiction et d'encouragement nous place dans un cocon protecteur et bienveillant. Ainsi le monde qui nous entoure, bien qu'agressif, est appréhendé avec confiance.

L'image de Jésus comme le Bon Berger illustre bien cette réalité. Le bon berger parle à ses brebis en les nommant individuellement et sa voix est familière à ses brebis. Le bon berger conduit sa brebis par sa parole. Le bon berger n'insulte pas et ne menace pas ses brebis. C'est ainsi qu'est la Parole de Dieu pour ses enfants. Un nouveau-né agressé par les paroles de ses parents donnera un adulte plein de méfiance alors qu'un nouveau-né entouré de la présence de paroles bienveillantes construira une grande confiance intérieure.

Si vous n'avez trouvé que peu de paroles sécurisantes auprès de vos parents, alors recevez la Parole de Dieu qui, porteuse de vie, fera naître en vous une confiance nouvelle en vue de bien grandir dans cette nouvelle vie. Votre façon de gérer la pression environnante s'en trouvera alors changée.

Voir sa face

> *Ce que nous avons vu de nos yeux, ce que nous avons contemplé.*
>
> *Plusieurs disent : Qui nous fera voir le bonheur ? Fais lever sur nous la lumière de ta face, ô Éternel !* (Ps 4,7)

Que voit le fœtus dans le ventre de sa mère ? Pas grand-chose puisque c'est à partir de la vingtième semaine de grossesse que sa vision se met en place. Il est sensible à une lumière forte dirigée sur le ventre de sa mère mais sa vue est peu stimulée car son environnement est baigné dans l'obscurité. Les premières semaines qui suivent sa naissance, le bébé ne voit que ce qui se trouve à une vingtaine de centimètres de ses yeux, d'une manière floue et surtout en noir et blanc. En revanche il est dérangé par une lumière intense qu'il reçoit comme une agression. Puis, rapidement, il commence à voir de plus en plus nettement, en couleur et son champ de vision s'élargit. À l'âge de 3 mois on estime que sa vision de loin est de 20/100, à un an de 20/50 et à l'âge de 2 ans elle atteint presque le niveau adulte de 20/20 !

Nous pouvons dire que sa vision du monde est floue, limitée et que l'excès de lumière constitue une agression pour lui. Seule la proximité d'un visage familier, souriant et expressif rassurera le nouveau-né et lui permettra de percevoir ce monde avec confiance. Car il en verra une image rassurante, celle de sa maman et de son papa. Cependant le nourrisson qui, devant lui, ne voit que des objets inanimés, froids et incapables d'interactions ne pourra qu'appréhender ce monde comme étant sans vie, froid et dur. Une mère qui donne le biberon à son petit tout en étant fixée sur son téléphone portable est un exemple type de ce qui ne devrait pas être.

De même que le nouveau-né a besoin de voir le visage de ses parents, de même nous avons besoin de voir, d'une certaine façon, le visage de Dieu. Notre certitude est que nous, croyants en Jésus-Christ, sommes passés des ténèbres à sa lumière et de l'aveuglement à la vue. En tant que nouveaux-nés de Dieu, notre vision, qui se développera avec le temps, distingue la personne même de Dieu notre Père.

À l'image des parents aimants, Dieu ne tourne pas le dos à ses enfants mais Il montre sa face avec toute l'expressivité de son amour pour nous. Il ne se montre pas de loin mais Il nous porte au plus près de Lui pour que nous voyions rayonner la lumière de sa face. Voir et contempler Celui qui est la vie, comme le dit Jean, nous permet de nourrir notre confiance en Dieu et aussi de changer notre vision du monde.

Si vous n'avez pas eu, dans votre petite enfance, la vision d'un visage rassurant et souriant et d'un regard attentif, sachez que Dieu, Lui, ne cesse de vous fixer avec un sourire de joie et d'amour. Votre Père céleste porte un regard favorable sur vous, signifiant par là toute l'importance que vous avez pour Lui.

Peau à peau

> *...et que nos mains ont touché... Tu m'entoures par-derrière et par-devant, et tu mets ta main sur moi. (Ps 139,5)*

Le sens du toucher est le premier à se développer chez le fœtus. Il commence, à partir de la septième semaine de grossesse, à posséder des récepteurs tactiles dans la région péribuccale (Lecanuet et al., 1992). Après la onzième semaine de grossesse, des réponses tactiles s'observent sur son visage, ses paumes de mains et ses plantes de pieds. Nous pouvons dire qu'à la naissance, le sens du toucher est le canal de communication principal du nouveau-né avec le monde extérieur. Une des conclusions est que ce qu'il ressent au niveau de la bouche lorsqu'il tète le sein de sa mère est aussi important que le lait qu'il est en train de boire !

Le contact physique du peau à peau entre la mère et son bébé est un élément central dans la sécurisation du petit. D'ailleurs, l'OMS (Organisation Mondiale pour la Santé) préconise le peau à peau comme moyen pour favoriser les interactions précoces de la mère avec son enfant ; l'allaitement étant fortement recommandé pour tous les enfants. Dans une étude d'Anderson et Moore en 2007, il a été montré que ce contact favorise les comportements d'affection, de lien et d'attachement de la mère envers son enfant. Donc allaiter, caresser, masser sont des gestes bénéfiques pour tout bébé. Il retrouve dans les bras de ses parents une odeur familière et une chaleur humaine bienvenues, lui qui pendant 9 mois s'était habitué à vivre à température constante.

Remarquons maintenant que l'apôtre Jean n'a pas omis de parler du toucher concernant la parole de vie. L'image du peau à peau est donc tout aussi valable dans notre relation avec Dieu. Lors de nos premiers pas d'enfant de Dieu, nous avons besoin de vivre des expériences où nous reconnaissons la tendresse et la douceur divine à notre égard. Être enfant de Dieu, c'est être à son contact dans une intimité qui est appelée « communion » dans la Bible. Dieu nous entoure et nous réchauffe comme une mère et comme un père. Peut-être vous faites partie de ces personnes qui n'ont que peu connu l'affection tendre d'une mère. Soyez alors convaincus qu'en devenant une nouvelle créature, vous bénéficiez de toute l'affection de Dieu. Il est réellement comme une mère qui vous entoure et vous porte avec amour.

À l'image de la niche sensorielle mise en place par les parents pour leur enfant, Dieu construit d'en haut un cocon autour de tous ses nouveaux-nés, dans lequel nous apprenons à avoir pleinement confiance en Lui. Plus encore, Il nous permet d'appréhender ce monde et de vivre dans celui-ci forts d'une confiance intérieure qui nous gardera stables.

À LA CONQUÊTE DU MONDE

Nous savons que le rôle de la mère est primordial dans la construction de ce nid douillet où l'enfant se sentira en sécurité. Mais n'oublions pas que le rôle du père n'est pas moindre, car même s'il est moins souvent au contact physique que la mère, sa parole rassure tout autant son petit. La mère et le père forment ainsi ce que la théorie de l'attachement (définie par J. Bowlby) appelle une base de sécurité. Seul l'établissement de cette base de sécurité rendra l'enfant capable de partir à l'aventure dans ce vaste monde.

Il a été montré que l'enfant en bas âge en manque de parents assez sécurisants n'arrive pas à vivre des séparations temporaires paisiblement. Si, par exemple, il doit être laissé en garde pour quelques heures, alors le moment de quitter ses parents devient dramatique pour lui. Il lui faut beaucoup de temps pour arrêter de pleurer. N'ayant pas trouvé une sécurité suffisante auprès de ses parents, c'est l'anxiété qui prédomine, le laissant continuellement dans un sentiment de danger permanent. Nous l'avons vu, Dieu est celui qui nous sécurise. L'image de Dieu comme notre base de sécurité se retrouve dans le passage de la Bible suivant :

> *Dieu est pour nous un refuge et un appui, un secours qui ne manque jamais dans la détresse. C'est pourquoi nous sommes sans crainte quand la terre est bouleversée, et que les montagnes chancellent au cœur des mers, quand les flots de la mer mugissent, écument, se soulèvent jusqu'à faire trembler les montagnes.* (Ps 46,2-4)

Ceux qui s'attachent à Dieu possèdent l'assurance de toujours trouver un rempart et un refuge en Lui comme l'enfant avec ses parents. Mais ne perdons pas de vue le but du refuge, qui est d'être gardé le temps de la tempête pour ensuite en sortir plein de confiance, afin de conquérir notre monde environnant. Le cocon divin n'est pas fait pour s'y installer mais pour vivre des temps de réconfort et de protection nécessaires pour repartir à l'assaut de toutes nos montagnes !

Je me souviens de mes premières semaines de vie nouvelle reçue en Jésus-Christ. Elles étaient marquées par de nombreuses expériences affectives avec Dieu. Progressant dans la confiance en lui, j'aimais et cherchais à ressentir émotionnellement sa présence. Puis un jour, je me retrouvai devant une absence de sensations particulières comme aux premiers jours. Je m'interrogeai alors sur ce qui se passait. J'étais comme un enfant courant dans tous les sens à la recherche de ses parents qu'il ne voyait plus. Heureusement, j'appris que c'était normal, que Dieu était toujours là et que comme un père, il m'amenait progressivement à ne pas me fixer uniquement dans son cocon mais à en sortir en confiance pour agir en son nom dans ce monde.

Comme Jésus, nous sommes, en tant qu'enfants de Dieu, envoyés dans ce monde. Ce monde qui, de la bouche même de Jésus, est décrit sous ses aspects les plus agressifs :

> *Si vous étiez du monde, le monde aimerait ce qui est à lui ; mais parce que vous n'êtes pas du monde, et que je vous ai choisis du milieu du monde, à cause de cela le monde vous hait. Souvenez-vous de la parole que je vous ai dite : Le serviteur n'est pas plus grand que son maître. S'ils m'ont persécuté, ils vous persécuteront aussi ; s'ils ont gardé ma parole, ils garderont aussi la vôtre.* (Jn 15,19-20)

En trouvant en Dieu une véritable base de sécurité, alors, pleins de confiance, nous déciderons d'affronter la réalité de ce monde pour en triompher. L'apôtre Jean en parle ainsi *parce que tout ce qui est né de Dieu triomphe du monde.* (1 Jn 5,4)

En résumé, retenons que nos premiers pas avec Jésus sont comparables aux 18 premiers mois du bébé. À l'instar du nourrisson porté et entouré par des parents aimants, nous apprenons que Dieu nous aime. Il est un véritable secours et son affection est source de toute consolation. Nous engrangeons ainsi un capital confiance qui fait que nous pouvons partir dans ce monde en sachant que nous pourrons toujours nous réfugier à toute occasion en notre Père céleste.

Cette première étape permettant de construire ce qu'est appelée la confiance fondamentale, selon le modèle d'Erikson, est la base pour continuer notre développement vers l'autonomie qui sera l'objet du chapitre suivant.

Une pause pour ma vie

Dans quels types de situations vous sentez-vous le moins en sécurité ? (il s'agit de situations qui suscitent en vous davantage d'anxiété, de craintes…)

....

....

....

En pensant aux situations que vous avez décrites précédemment, qu'est-ce qui pourrait vous rassurer et vous sécuriser ?

....

....

....

Demandez à Dieu de vous conduire dans la lecture de la Bible afin de découvrir tout ce qu'Il a mis en place pour vous sécuriser et qui correspond au besoin présent de votre vie.

III

L'AUTONOMIE DANS MA VIE

Les premiers mois suivant sa naissance, le bébé ne fait pas la différence entre sa mère et lui-même. Il est normal qu'après avoir vécu neuf mois fusionnels avec sa mère, sa venue au monde n'aboutisse pas immédiatement à une totale séparation psychique d'avec elle. Plus largement, le nouveau-né considère tout son environnement comme faisant partie de lui. Il ne fait pas la différence entre le monde extérieur et sa personne. L'expression « il faut couper le cordon » nous rappelle que certains vivent d'ailleurs trop dans la fusion avec leur mère ! Les observations ont montré qu'entre deux et trois ans l'enfant sait se différencier, en tant qu'individu, d'avec le monde extérieur. Il a acquis ce qui est appelé la conscience de soi. Cette nouvelle acquisition lui ouvre de nouveaux horizons, ceux de la liberté d'exprimer ses propres choix et de commencer à élaborer ses propres décisions. Nous pouvons dire qu'il est animé d'une « volonté d'être soi ».

Selon le modèle de développement humain d'Erik H. Erickson, l'enfant avant ses deux ans va commencer l'apprentissage de l'autonomie. Provenant du grec *autos* (soi-même) et *nomos* (loi, règle), l'autonomie correspondrait à la capacité de se gouverner soi-même, ce que je traduis par la capacité de décider librement de ce que j'estime bon pour moi. Être autonome n'est aucunement avoir besoin de personne, mais c'est savoir et pouvoir choisir librement et sans influence ce que j'estime le meilleur pour ma personne. Selon Erickson, l'enfant entre dix-huit mois et trois ans vivra une crise d'autonomie-honte. Il commencera à s'affirmer dans ses choix personnels. Et selon le message renvoyé par son entourage, soit il progressera dans l'autonomie, soit il sera paralysé par la honte et les doutes.

Pour comprendre cela, il suffit d'observer le cas commun de l'enfant découvrant très tôt la force du petit mot « non ! » Avant ses trois ans, il prononce plusieurs fois par jour ce mot. Pour lui, il n'est pas dans le registre de la rébellion contre ses parents mais dans celui de l'affirmation de soi, de ses désirs et de ses choix. En face de cet état de fait, le type de réaction des parents engendrera un type de sentiment chez l'enfant. Elle pourra soit permettre à l'enfant d'être conforté dans son processus d'autonomie, soit provoquer en lui un sentiment de honte bloquant son désir. Réagir calmement sans interpréter la négation comme une agression personnelle est essentiel pour les parents. Ils doivent se positionner comme des adultes qui expliquent à leur enfant qu'il peut exprimer ses désirs mais que tous ne sont pas bons. En revanche, crier à tue-tête : « Je t'interdis de me dire non, tu me dois obéissance » lui laissera comme seul message qu'il est interdit d'être soi-même ou que ses choix ne sont jamais bons.

Seul l'enfant ayant suffisamment confiance en lui-même et dans les autres pourra librement exprimer sa volonté. Il faut se sentir assez en sécurité et en confiance pour être libre d'exprimer ses désirs.

Et nous qui sommes reconnus comme enfants de Dieu, qu'en est-il ? Avons-nous la possibilité ou même le droit d'exprimer devant notre Père céleste tous nos désirs ? Nous qui déclarons dépendre totalement de Dieu et de sa volonté, est-il envisageable de mettre en avant notre volonté et nos choix devant Dieu et les hommes ? Qu'en dit la Bible ?

C'est pour la liberté que Christ nous a affranchis. Demeurez donc fermes, et ne vous laissez pas mettre de nouveau sous le joug de la servitude. (Ga 5,1)

Frères, vous avez été appelés à la liberté, seulement ne faites pas de cette liberté un prétexte de vivre selon la chair ; mais rendez-vous, par la charité, serviteurs les uns des autres. (Ga 5,13)

L'épître aux Galates nous enseigne que notre relation avec Dieu n'est pas basée sur une série d'ordres à suivre sans broncher mais sur de libres choix personnels. Le commencement de notre nouvelle vie est un choix personnel : celui de saisir la grâce libératrice ou de continuer dans une sorte d'esclavage. Comme des parents encourageant leur enfant à être soi-même, Dieu nous encourage à exprimer nos désirs, notre volonté, nos choix. Nous pouvons le faire car nous sommes libres et que nous sommes plein de confiance vis-à-vis de Dieu. L'enfant de Dieu est libre d'être lui-même !

Une volonté propre

Il existe chez certains chrétiens une conception extrême concernant l'obéissance à Dieu. Ils pensent que ce qu'ils désirent ou veulent n'a aucune valeur devant Dieu. Nous pourrions les entendre dire les affirmations suivantes : puisque Dieu fait ce qu'Il veut et que tout est écrit, à quoi cela sert-il de lui faire part de nos désirs ? Ou oser mettre en avant mes désirs c'est de la rébellion.

Cela a pour conséquence que toute décision personnelle, n'étant pas formellement estimée comme selon la volonté de Dieu se retrouve sur le banc des accusés !

Imaginez maintenant un enfant dont les parents lui font continuellement comprendre que ce qu'il veut n'a que peu d'importance. Un enfant dont les décisions personnelles ne sont jamais considérées. Quelle sera l'évolution de sa personnalité ? Inutile d'être un grand spécialiste pour le savoir. Il est certain qu'il aura, en tant qu'adulte, de grandes difficultés à effectuer le moindre choix personnel. Il sera dominé par un sentiment de honte concernant ses propres désirs et finalement il ne sera jamais lui-même.

Avec Dieu il n'en est pas ainsi. Il s'intéresse à ce que nous ressentons, pensons et voulons. Il donne une grande valeur à notre liberté d'expression. Jésus a souvent posé des questions du type « Que veux-tu ? » ou « Qu'en penses-tu ? » Notre relation avec Dieu ne se situe certainement pas dans le domaine de l'obligation légale mais dans celui du respect de notre libre volonté.

Exprimer son désir

L'enfant aux environs de 2-3 ans possède des compétences formidables. Il peut marcher seul, il peut se saisir d'une petite cuillère pour manger seul et il commence à faire usage de la parole (vers 2 ans il possède une base de vocabulaire de 150 à 300 mots). Avec toutes ses possibilités, il a de quoi communiquer sur ses désirs personnels. Aux alentours de sa deuxième année, l'enfant passe de la manifestation de ses besoins à l'expression de ses désirs. Je le rappelle, le « non » de l'enfant de moins de trois ans n'est pas une rébellion mais sa façon de se différencier de ses parents.

Il est bon, d'ailleurs, que les parents favorisent et encouragent le plus tôt possible l'enfant à exprimer ses désirs et ses préférences. Toujours le réprimer dans ce qu'il veut, c'est nourrir en lui un sentiment de honte et de doute concernant le bien-fondé de ce qu'il désire. Ce qui contribuera à affaiblir l'affirmation de soi dans sa future personnalité d'adulte. La volonté d'être soi, brimée lors de la petite enfance lui fera douter de la valeur de ses propres désirs. Alors l'adulte vivra à travers les désirs des autres et non pas selon ses désirs, car il les considérera par principe comme de moindre valeur.

Si vous vous reconnaissez dans ce type d'adulte, sachez que, jamais Dieu ne refusera d'écouter vos désirs comme s'ils étaient par principe mauvais. Peut-être qu'en ces instants, vous vous faites la réflexion que tout désir n'est pas bon à dire, qu'il y a quand même de mauvais désirs qu'il faut étouffer dans l'œuf ! Je vous rassure, écouter ne veut pas dire approuver. Et exprimer son désir ne veut pas dire l'accomplir. Je préfère parler de désirs porteurs de vie et de désirs porteurs de mort que de bons et mauvais désirs. Ma certitude est que Dieu seul peut parfaitement nous aider à faire le tri entre tous nos désirs mais pour cela nous devons être libres de les lui exprimer. L'erreur commune est de confondre désir et convoitise. Je crois que beaucoup de nos désirs profonds sont liés à des aspirations, dont la plupart sont voulues par Dieu notre créateur. Alors que nos convoitises sont des aspirations détournées par le péché. Le mot « convoitise » retrouvé dans Jacques 1/7, traduit aussi par « mauvais désir », a pour sens de désirer ce qui est défendu. La séduction originelle a agi pour détourner l'homme dans ses désirs, de ce qui est permis à ce qui est interdit. Par exemple, le désir de justice peut être détourné en désir de vengeance destructrice.

L'apôtre Paul, en s'adressant aux Galates, met en lumière ce qui les anime intérieurement. *Vous tous qui cherchez la justification...* (Ga 5,4) Telle est leur grande aspiration du moment. Deux axes possibles sont indiqués à ce sujet. Le premier est celui d'accomplir scrupuleusement la loi, mais il est montré que *nulle chair ne sera justifiée...* (Ga 2,16) par ce moyen. Le second est de chercher la justice dans « *la foi en Christ* » (Ga 2,16) ce que les Galates ont commencé à expérimenter. Mais rapidement ils se placeront sous l'influence de personnes qui vont les détourner en manipulant leur aspiration d'être justes. Leurs désirs de croire, d'accueil de la grâce et de la conduite de l'Esprit sont détournés pour devenir désirs d'accomplir la Loi, de suivre des principes judaïques et finalement de vivre selon la chair. Ils deviennent alors esclaves du désir d'autres personnes dont voici la description :

> *Le zèle qu'ils ont pour vous n'est pas pur, mais ils veulent vous détacher de nous, afin que vous soyez zélés pour eux.* (Ga 4,17)
>
> *Car les circoncis eux-mêmes n'observent point la loi ; mais ils veulent que vous soyez circoncis, pour se glorifier dans votre chair.* (Ga 6,13)

Leur relation avec Dieu n'est plus basée sur un désir personnel profond, mais sur des croyances extérieures qui veulent les dominer. Les hommes à l'origine de cette déviance, ne veulent pas le bien des Galates mais simplement devenir leurs maîtres à penser ! Dieu agit envers nous comme un père qui nous encourage à être nous-mêmes dans l'expression de nos désirs. Et selon ce que nous exprimerons, Il validera ou réprouvera.

Combien de personnes connaissez-vous qui vivent à travers les désirs des autres ? Peut-être en faites-vous partie ? J'ai souvent rencontré les situations suivantes : une femme qui ne vit que pour les désirs de son époux, un enfant qui ne vit qu'en fonction des désirs de ses parents, un chrétien qui ne vit sa relation avec Dieu que sous la conduite des désirs de certains responsables d'église.

Il est temps d'être soi en retrouvant vos aspirations profondes qui ne pourront que rendre solide et dynamique votre relation avec votre Père céleste. N'ayez plus honte d'exprimer vos désirs, c'est le début de l'autonomie !

Formuler un choix

J'ai connu un enfant de dix ans environ, qui avait de grandes difficultés à effectuer le moindre choix. Il était, entre autres, comme paralysé devant le choix d'une couleur parmi plusieurs. Nous pouvons parler de véritable handicap dans ce domaine. Je savais pourquoi il en était ainsi. Cet enfant avait connu un début de vie chaotique dans la maltraitance. Jamais valorisé dans ses désirs, il n'avait pas appris à choisir et préférait laisser l'adulte choisir à sa place.

Il est important de donner l'occasion à l'enfant, dès deux ans, de choisir. Cela permet de transformer son désir en une décision personnelle. Lui proposer deux jeux différents, deux objets de couleurs différentes, deux plats différents et bien sûr sans l'influencer, respectons son choix ! Nous lui montrons ainsi qu'il est une personne respectée dans ce qu'elle est.

Pour les Galates, leur désir de justice les a conduits à choisir Jésus et à vivre selon l'Esprit. Ensuite, ils se sont placés sous l'influence de personnes leur imposant le choix de la circoncision et d'une vie de légalistes ! Un même désir peut donc conduire à deux choix différents ! L'un sera porteur de vie l'autre porteur de mort.

Je pense que Dieu nous place toujours devant des choix de vie pour les deux raisons suivantes :

– Pour mettre en lumière nos désirs.

– Pour nous rendre responsables.

La liberté que nous avons en tant qu'enfants de Dieu se situe dans notre liberté à faire un choix porteur de vie en fonction de nos désirs. Croire en Jésus, accepter sa parole pour devenir enfant de Dieu ne peut être que le choix émanant de désirs de justice et de vérité. Certains diront qu'il existe des personnes qui choisissent Jésus sans avoir ces types de désirs. C'est vrai mais s'ils ne changent pas leurs désirs, ils se trouveront rapidement dans des crises de foi ! Leurs choix n'étant pas en adéquation avec leurs désirs profonds, ils ne seront jamais pleinement satisfaits dans le chemin que le Christ leur propose. Nous retrouvons ce type de personnes chez tous ceux qui ont abandonné la foi, leurs désirs les conduisant loin de ce chemin !

Notre choix nous rend ainsi responsables de la manière dont nous conduisons notre vie. Il est écrit :

J'en prends aujourd'hui à témoin contre vous le ciel et la terre : j'ai mis devant toi la vie et la mort, la bénédiction et la malédiction. Choisis la vie, afin que tu vives, toi et ta postérité, 20pour aimer l'Éternel, ton Dieu, pour obéir à sa voix, et pour t'attacher à lui : car de cela dépendent ta vie et la prolongation de tes jours, et c'est ainsi que tu pourras demeurer dans le pays que l'Éternel a juré de donner à tes pères, Abraham, Isaac et Jacob. (Dt 30,19-20)

Le choix proposé par Dieu n'est pas hors de portée mais correspond aux désirs de vie qui anime toute personne. Je remarque qu'aimer l'Éternel, lui rester attaché correspond aux désirs universels de tout être humain d'amour et d'attachement. Nous nous retrouvons ainsi pleinement responsables de nos choix.

C'est un sujet vaste que celui du désir et du choix. Malheureusement il existe de nombreux adultes qui passent leur temps à refouler leur désir, à vivre à travers les désirs des autres sans jamais choisir selon leurs désirs profonds. La liberté d'être soi commence par la liberté d'exprimer ses désirs et de faire ses propres choix.

Diriger n'est pas imposer

Le rôle des parents pour le petit enfant est de lui apprendre à exprimer ses désirs, non pour le laisser dans la toute-puissance de ses désirs mais pour le conduire à faire le tri entre les désirs porteurs de vie et ceux porteurs de mort. Les termes « bon » ou « mauvais » sont trop sujets à des interprétations culturelles, c'est pour cela que je préfère utiliser les expressions porteuses de vie et porteuses de mort.

Par exemple, le désir d'un enfant de moins de trois ans qui est de ne manger que du sucre est porteur de mort pour son corps ! Ses parents ne pourront pas le laisser transformer ce désir en choix qui le rendrait diabétique et obèse ! L'apprentissage de l'autonomie n'est pas un laissez-passer pour tous les désirs mais c'est acquérir la capacité de choisir entre désirs porteurs de vie et porteurs de mort. La juste pédagogie parentale ne devrait pas être dans le tout répressif ou le tout permissif mais dans apprendre à l'enfant à discerner ce qui est bon pour lui et pour son prochain. C'est-à-dire ce qui, dans ses désirs et choix, amène à plus de vie pour lui et pour son entourage. Le rôle des parents est de donner un cadre en approuvant ou en désapprouvant le choix de leur enfant.

Les parents ne sont pas là pour imposer leurs désirs et choix à leurs enfants mais pour conduire leur enfant à choisir la vie ! C'est ainsi que Dieu agit envers nous, Il ne nous impose pas son choix mais Il nous dirige afin de choisir ce qui favorisera la vie pour nous et pour notre entourage.

Des désirs encadrés

En tant qu'enfant de Dieu, notre Père céleste est le premier à poser un cadre. Rappelons-nous de ce qu'Il dit à Caïn : *Certainement, si tu agis bien, tu relèveras ton visage, et si tu agis mal, le péché se couche à la porte, et ses désirs se portent vers toi : mais toi, domine sur lui.* (Ge 4,7)

Caïn est placé par Dieu devant un choix : celui de la vie pour sa personne et aussi pour son frère Abel. La réalité du péché bien présente autour de nous et en nous, amènera toujours des désirs porteurs de mort. Il est donc nécessaire qu'une autre personne que nous-même place un cadre protecteur de vie.

Quand Paul parle de liberté aux Galates, en condamnant l'esclavage de la Loi il n'abolit pas le cadre divin mais il lui redonne son sens dans sa dimension spirituelle puisqu'il dit :

> *Mais si vous vous mordez et vous dévorez les uns les autres, prenez garde que vous ne soyez détruits les uns par les autres. Je dis donc : Marchez selon l'Esprit, et vous n'accomplirez pas les désirs de la chair. Car la chair a des désirs contraires à ceux de l'Esprit, et l'Esprit en a de contraires à ceux de la chair ; ils sont opposés entre eux, afin que vous ne fassiez point ce que vous voudriez. Si vous êtes conduits par l'Esprit, vous n'êtes point sous la loi.* (Ga 5,15-18)

Nous sommes mis en face des désirs divins qui sont tous porteurs de vie. Dieu ne nous impose pas ses désirs sans pour autant nous laisser sans cadre dans nos désirs personnels. Comme pour les Galates, la manifestation de certains de nos désirs blesse notre prochain. Comprenons que l'expression « les désirs qui animent l'homme livré à lui-même » correspond à nos désirs sous la domination du péché conduisant à la mort, c'est-à-dire tous ces désirs de l'homme sans cadre ou de l'enfant sans parents le limitant.

Choisir de se laisser diriger par l'Esprit, c'est choisir de se libérer de l'emprise des désirs du péché afin de laisser pleinement s'exprimer les désirs de vie en nous. Les enfants de Dieu apprennent l'autonomie en étant libérés des désirs porteurs de mort et en laissant vivre en eux les désirs du Saint-Esprit porteurs de vie. Nous ne vivons plus sous la domination d'une loi qui nous impose des choix ne correspondant pas à nos désirs. Mais nous vivons sous la conduite du Père qui nous laisse librement choisir le chemin à suivre, désirant fortement que nous prenions le chemin de vie.

Des choix en attente d'approbation

La libre expression du désir associée au cadre donné par les parents doit être complétée par l'approbation ou la non-approbation des choix qui en découleraient. L'enfant est en attente de cela. Un choix approuvé par ses parents le confortera dans son désir intérieur et participera à la construction de soi. En revanche, une désapprobation des parents conduira l'enfant à avoir honte de son désir et il lui donnera une valeur négative. Cela est important pour qu'il apprenne ce que dit la Bible :

> *Tout est permis, mais tout n'est pas utile ; tout est permis, mais tout n'édifie pas. Que personne ne cherche son propre intérêt, mais que chacun cherche celui d'autrui.* (1 Co 10,23-24)

Il n'est pas question ici de contrôler la volonté de l'enfant mais de le conduire vers des choix constructifs. Je ne suis pas en accord avec le fait que Dieu contrôlerait ma vie. Je ne me considère pas sous le contrôle de Dieu mais sous sa direction, ce qui est différent pour moi. Cela veut dire que ma volonté propre est respectée, que Dieu ne m'impose pas ses choix mais qu'Il les dirige. Étant sensible à son approbation, je veux toujours rester à l'écoute car je ne peux savoir, par moi-même, si mes choix sont constructifs. C'est ainsi que nous pouvons devenir des adultes autonomes.

S'il m'arrive d'exprimer un choix non approuvé par Dieu, Il va me montrer l'autre choix possible mais Il ne me l'imposera jamais. En revanche si je persévère dans le chemin contraire, j'aurai à en gérer les conséquences mais Dieu ne me laissera pas tomber pour autant. Il restera toujours accessible et patient à mon égard.

Ce qui se joue entre 2-3 ans est important car cela permettra à l'enfant de construire une affirmation de soi positive. Ses parents auront la lourde tâche de l'accompagner devant tous ses désirs pour l'orienter vers des choix porteurs de vie. Ils seront là pour lui montrer que ce qu'il désire a de la valeur et qu'il est vraiment une personne respectée pour qui elle est.

Si vous n'avez pas connu cela durant votre enfance, Dieu veut vous le faire connaître dans votre relation d'enfant avec Lui. Notre nouvelle vie avec Dieu continuera de se développer avec cette liberté d'être soi accordée par notre Père. Cette étape est nécessaire pour oser des initiatives personnelles. Nous allons l'aborder dans le prochain chapitre.

Une pause pour ma vie

Écrire certains de vos désirs profonds que vous aimeriez voir se réaliser.

....

....

....

Dans la liste suivante entourez un ou deux mots qui correspondent à vos grandes aspirations dans votre vie.

Justice – Solidarité – Amour – Vérité – Réussite – Paix – Droiture – Pureté – Humilité – Compassion – Sagesse

Réfléchissez en quoi vos désirs profonds correspondent à vos grandes aspirations. Exprimez vos désirs devant Dieu en reconnaissant qu'Il vous écoute et reçoit vos désirs. Prenez un temps de silence pour laisser Dieu vous parler concernant vos désirs profonds.

IV

LA CRÉATIVITÉ DANS MA VIE

J'aimerais vous conduire à la rencontre d'un enfant entre trois et six ans. Imaginons-le dans la cuisine, regardant fixement quelque chose sur le haut du réfrigérateur. Animé qu'il est d'un certain désir, nous le voyons soudainement tirer une chaise contre le frigo et monter dessus. Puis il en redescend pour se diriger vers le canapé. Il se saisit alors d'un gros coussin et retourne le poser sur la chaise. Puis il grimpe sur ce nouvel assemblage, se met sur la pointe des pieds et tend ses bras le plus haut possible pour se saisir de l'objet de son désir ! C'est à ce moment qu'un de ses parents arrive et, le voyant dans cette position périlleuse, se précipite vers son enfant pour empêcher la catastrophe tout en s'exclamant : « Arrête, c'est dangereux, tu vas tomber. Ne recommence plus jamais cela ! »

L'enfant fond en larmes immédiatement, ne comprenant pas exactement la gravité de la situation mais au vu de la réaction de son parent, il se sent coupable de ce qu'il vient de faire. Alors la question fondamentale lui est posée :

— Pourquoi es-tu monté sur cette chaise ?

— Je voulais manger le chocolat sur le frigo, répond l'enfant.

En observant ce type de scène vécue fréquemment, nous voyons que les enfants font, naturellement, preuve d'une grande créativité pour obtenir l'objet de leur désir. L'enfant entre trois et six ans entrevoit de nombreuses nouvelles possibilités d'atteindre ses buts et il osera agir en conséquence.

Cette étape de leur développement est appelée par Erik H. Erickson celle de l'initiative versus la culpabilité. Il ne peut bien la vivre qu'à condition que les bases de la confiance et de l'autonomie aient été correctement mises en place. Sécurité et liberté sont les deux piliers pour oser des initiatives personnelles. Celles-ci ont la particularité de ne pas découler d'une imitation d'action déjà vue, mais d'un véritable processus créatif intérieur. Nul n'a donné au petit l'idée de construire un assemblage et de l'escalader pour atteindre la tablette de chocolat. Il a vraiment fait preuve d'initiative personnelle !

Comme pour le désir qui peut être approuvé ou désapprouvé, l'action de l'enfant sera confrontée à la réaction des parents. Ils peuvent l'encourager (« Tu as eu une formidable idée ») et ainsi favoriser l'estime de soi chez lui. Ils peuvent aussi la condamner (« Ne recommence plus jamais cela ! ») engendrant ainsi un sentiment de culpabilité chez lui. L'évidence est que l'initiative d'un enfant démontre la spontanéité créative présente chez tout être humain. Dieu nous a faits ainsi !

S'il fallait donner une définition de l'initiative, je dirais que c'est la capacité à élaborer des plans (des processus) afin de passer d'un désir à une idée et de l'idée à l'action. Dans notre croissance avec Dieu nous sommes destinés à passer d'un ensemble de désirs à une prise d'initiative. La liberté d'être soi accordée dans la confiance en notre Père céleste nous entraîne vers d'innombrables possibilités créatives ne nécessitant de notre part que d'oser !

Beaucoup, malheureusement, vivent paralysés par une certaine culpabilité qui n'a rien à voir avec le péché, mais plus avec une éducation où résonnent fortement les injonctions du type : « Arrête, c'est dangereux, ne recommence plus jamais ! » Nous retrouvons ce sentiment chez certains enfants de Dieu. Ils s'interdisent d'oser la créativité, demeurant uniquement dans le mode « Dites-moi ce que je dois faire ! » car ils traduisent l'expression faire preuve d'initiative par faire preuve d'orgueil (ou par manque d'humilité) !

Soyons convaincus que Dieu, notre Père céleste, aime nous encourager dans des prises d'initiatives. Il existe une interpellation biblique à faire fructifier notre salut sans indication précise du comment faire. Ce qui veut dire que notre Père nous laisse libre d'être créatif en vue de répondre à son appel.

La motivation intérieure

La plupart du temps les enfants, devant une difficulté, posent la question suivante : « Qu'est-ce je dois faire ? » Je leur réponds, tout en les accompagnant vers la résolution du problème : « Tu es capable d'avoir une idée, je te laisse trouver ! » Car je suis persuadé que nous avons tous reçu de Dieu des capacités créatrices.

J'ai aussi remarqué qu'il existe des domaines provoquant en eux une profusion d'idées et d'autres une complète stérilité. Quelle abondance de créativité chez certains enfants pour atteindre le chocolat supposé inaccessible alors que le besoin de ranger sa chambre ne leur en suscite aucune ! Pourquoi cela ? La réponse est la motivation ! Nous comprenons facilement que nous serons toujours plus créatifs dans ce qui nous motive ! Selon certaines recherches[1] visant les adolescents en milieu scolaire, il existerait deux facteurs constituant la motivation. Il s'agit de l'autonomie et de la compétence. Une volonté propre associée au sentiment de compétence engendrera toujours une forte motivation intérieure. Ce qui est indispensable pour provoquer l'initiative. Cela me rappelle le passage de la Bible suivant : *Car c'est Dieu qui produit en vous le vouloir et le faire, selon son bon plaisir. (Ph 2,13)*

Dieu est notre Père bienveillant qui nous a introduits dans la réalité d'une nouvelle vie. Son projet d'amour à notre égard n'est pas de nous forcer à

1. Article « La motivation à l'adolescence » de Myriam Chéreau dans AAT n° 162.

faire mais d'engendrer en nous de nouvelles motivations pour faire fructifier notre salut. Le salut n'étant pas un événement ponctuel mais un processus continuel de transformation. Par le don de son Esprit, Dieu agit lui-même en nous en vue de cela. Il produit en nous le vouloir et le faire, ce qui peut correspondre à l'autonomie et la compétence.

Produire le vouloir

Précédemment, j'ai présenté l'apprentissage de l'autonomie comme étant la capacité de choisir selon un désir personnel porteur de vie. Tel est le sens du mot *vouloir* dans le texte biblique cité ci-dessus. Il provient du grec « *thelo* » et il indique une volonté intérieure telle un désir ou une forte détermination. Il y a une grande différence entre la volonté provenant d'une personne proche et celle qui prend naissance en nous. Le vouloir du prochain ne produira pas en nous une pleine initiative. Ce qui n'est pas le cas pour le désir prenant sa source en nous.

L'enfant de mon histoire est animé d'un fort désir de manger du chocolat. Il a en lui le vouloir et il est déterminé intérieurement à se saisir de l'objet de son désir. C'est le point de départ pour élaborer un scénario créatif. Mais imaginons que sa mère lui dise de manger un concombre. Elle le place en haut du frigo et lui dit de se débrouiller pour le prendre. Je suis certain qu'il trouvera tout un tas d'excuses pour ne pas agir. « C'est trop haut, je ne peux pas, je n'aime pas... » Aucun scénario gagnant ne va sortir de lui pour répondre à la volonté de sa mère.

L'Esprit du Père produit en nous le vouloir nécessaire à la motivation d'agir conformément au projet d'amour de Dieu. Il ne s'agit pas ici d'essayer d'obéir à une volonté extérieure mais de laisser s'inscrire en nous de nouveaux désirs qui aboutiront à de la créativité.

L'initiative n'a donc de sens que si elle naît dans un plein désir intérieur et non sous une contrainte extérieure.

Produire le faire

L'enfant, dès trois ans, avec toutes ses nouvelles compétences se sent capable d'atteindre son objectif. Pour lui le frigo n'est pas trop haut car il entrevoit en lui une possibilité d'accéder à son sommet. Ce sentiment d'être compétent est essentiel pour nourrir la motivation intérieure. Avoir envie sans se sentir capable paralysera toujours la prise d'initiative. Pire, le sentiment d'incompétence va même faire mourir le désir.

Le mot *faire* de notre texte provient du mot grec « *energein* » qui est identique au mot *produire*. Il pourrait être traduit par mettre en œuvre. Il y a ici une notion de force agissante ou de puissance intérieure opérante. Le faire est donc un sentiment de compétence intérieure. Il est l'œuvre du Saint-Esprit nous remplissant d'assurance que tout est possible à celui qui croit !

Dans ma nouvelle vie, mes nouveaux désirs ne resteront plus au stade de rêve, car Dieu agissant en moi m'ouvre des possibilités qui m'étaient inconnues jusqu'alors. Avant de continuer, il m'est nécessaire ici de vous poser deux questions :

Qu'est-ce qui vous motive le plus dans la vie ?

Pensez-vous que ce qui vous motive provient de Dieu ?

Un appel à la créativité

Nous avons bien compris que l'enfant, attiré par le chocolat, est animé d'une forte motivation intérieure car c'est son désir et il se sent capable de l'atteindre. Vient ensuite le moment de faire preuve de créativité en osant faire ce qu'il n'a encore jamais fait. Il met alors en place sa stratégie pour obtenir l'objet de son désir.

Je le rappelle, Dieu agit en nous pour produire à la fois le vouloir et le faire. Ce qu'Il fait en nous est lié à de grands objectifs qui vont nécessiter de notre part de la créativité. Il est question de *briller comme des flambeaux dans le monde, portant la parole de vie.* (Ph 2,15)

Voici donc un objectif élevé qui peut nous motiver dans ce monde ! Mais cela va nous demander de mettre en place des stratégies créatives. C'est dans ce sens que nous pouvons comprendre l'expression *travaillez à votre salut. (Ph 2,12)*

Le verbe employé dans l'original du texte est « *katergazomaï* ». Certains l'ont traduit par *travailler* mais il signifie aussi *produire, créer, élaborer*. L'enfant de Dieu est destiné à devenir créatif pour prospérer à tous égards. Nous sommes appelés à laisser grandir en nous la vie de Dieu et à la rendre agissante dans ce monde. Ce qui brillera, de notre part, n'est pas nos compétences mais la vie qui nous anime.

En Christ, toutes nos aspirations de justice, d'amour et de vérité sont issues de l'action du Saint-Esprit en nous. Elles nous conduisent à faire preuve d'initiative pour que tous en deviennent bénéficiaires. Faire fructifier son salut est un appel à développer une créativité favorisant la vie pour ce monde. Devenons donc des personnes débordantes d'idées, prêtes à être mises en œuvre. Dans notre nouvelle vie en Dieu, nous ne pouvons plus rester sur des pensées du genre : « Je ne suis pas un créatif » ou « je ne suis pas du genre à prendre des initiatives », ou encore « je suis un suiveur… » Tous, nous avons reçu de quoi faire preuve d'initiative, car Dieu est notre Père. Il nous a donné son Esprit, l'Esprit du Dieu créateur !

Des obstacles à dépasser

Malheureusement de nombreuses personnes, de tout âge, attendent toujours qu'on leur dise ce qu'elles doivent faire. La croyance qu'il existe dans ce monde les suiveurs et les meneurs les confortent dans leur position passive. Bien que Dieu soit leur Père, ils restent comme incapables de toute initiative. Une des explications à cet état de fait serait l'emprise de toutes les paroles condamnatoires reçues en réaction de leurs initiatives d'enfant. Entre trois et cinq ans, un fort sentiment de culpabilité s'est installé en eux, les paralysant en tant qu'adultes dans l'effort créatif. Les échecs de la mise en œuvre de leur plan d'enfant associés aux paroles du type « Je te l'avais dit, c'est dangereux ! » ont produit de terribles dégâts intérieurs.

Si vous vous reconnaissez dans cette description, j'aimerais vous rassurer qu'en tant qu'enfant de Dieu : il est possible de sortir de cette emprise. La plupart du temps nous avons tous à surmonter deux grands obstacles nous empêchant d'être créatifs dans l'œuvre de Dieu. Nous les trouvons exprimés d'une certaine façon dans le texte suivant :

> *Faites toutes choses sans murmures ni hésitations, afin que vous soyez irréprochables et purs, des enfants de Dieu irrépréhensibles au milieu d'une génération perverse et corrompue.* (Ph 2,14-15a)

Il n'est pas question, dans cette parole de l'apôtre Paul, d'incompétence ou d'impossibilité mais de discussions et de plaintes. Ces deux obstacles ne sont pas produits par le contexte environnant mais se trouvent bien ancrés en nous.

Surmonter l'obstacle des raisonnements intérieurs

Le mot traduit par *hésitations* est « *dialogismos* ». Il ne s'agit pas d'une discussion entre deux personnes mais d'un dialogue et de raisonnements intérieurs.

Dans mon entourage j'entends souvent de la part d'un enfant s'adressant à un autre, la fameuse phrase : « Tu n'as pas le droit ! ». Le second enfant étant plein de créativité et d'initiatives originales se retrouve ainsi bloqué dans son élan par le premier ! C'est ainsi que cela se passe en nous. Nous ressentons un désir particulier résonner dans notre cœur, puis une idée nouvelle surgit. À cet instant, une injonction monte en nous : « Arrête de rêver, tu n'es qu'un simple chrétien ! » Un véritable dialogue intérieur s'installe, opposant le raisonnement créatif au raisonnement du « trop risqué ».

Combien de fois avez-vous été confronté à cette situation ? Prenez conscience que cela provient de l'héritage des injonctions parentales culpabilisantes. Pour surmonter cet obstacle il faut y opposer la Parole créatrice de son Père céleste. Paul présente les Philippiens comme ayant toujours été obéissants, ce qui leur permet de faire fructifier leur salut. Ce qui fait écho à la devise des premiers chrétiens : « Il vaut mieux obéir à Dieu qu'aux hommes ! » Sachant que le premier homme c'est moi-même, je transforme cela en « il vaut mieux obéir à Dieu qu'aux injonctions intérieures paralysantes ».

Nous avons un choix à faire lorsque la machine du dialogue intérieur se met en marche. Celui-ci consiste à décider vers qui nous placerons notre écoute attentive. Car l'obéissance est, premièrement, une attitude d'écoute d'une parole. Seul le choix d'écouter plus attentivement les promesses divines, ses directives, ses encouragements nous permettra de passer outre nos raisonnements bloquants.

Dieu a mis en vous le vouloir et le faire afin de briller dans ce monde en portant la parole de vie. Il est temps de ne plus porter autant attention aux paroles paralysantes qui ne proviennent certainement pas de votre Père céleste. Il est temps de faire preuve d'audace et de ne plus continuellement hésiter.

Surmonter l'obstacle des désirs corrompus

Paul nous rappelle que nous vivons *« au sein d'une humanité corrompue et perverse »*. Notre contexte de vie favorisera toujours l'émergence de désirs corrompus et pervertis par le péché. Ces désirs que j'ai nommés « porteurs de morts » seront, évidemment, plus destructeurs que créatifs. C'est dans ce contexte qu'il faut bien comprendre le sens de se plaindre. Ce mot, traduit aussi par murmure, indique l'idée d'intentions cachées qui nous poussent au mécontentement.

Pensons à l'enfant à qui nous demandons d'arrêter de jouer pour ranger sa chambre. Il va partir pour le faire tout en marmonnant son désaccord. Nous ne comprenons pas ce qu'il dit mais nous reconnaissons que notre demande ne lui plaît vraiment pas. Son désir du moment est de jouer et non de ranger. Il se retrouve en face du désir de l'adulte qui vient contrarier son propre désir.

Cela illustre bien ce qui se joue en nous si souvent. Le désir de plaire à Dieu qui vient percuter certains désirs secrets qui demeurent sous l'influence d'une humanité corrompue. Nous pouvons donner l'impression d'agir pour Dieu mais nous restons limités dans notre créativité car notre véritable désir n'est pas de briller pour Dieu dans ce monde mais plus de profiter de ce monde pour soi-même. Ce qui fera de nous de parfaits hypocrites !

Nous aurons toujours des désirs contraires à ce qui plaît à Dieu mais nous avons la liberté de passer outre car nous ne sommes plus sous le pouvoir du péché. Pour y parvenir, il suffit de s'ancrer dans la crainte de Dieu. Celle-ci ne se situe pas uniquement dans une volonté intellectuelle d'obéir à Dieu mais dans un fort désir intérieur de lui plaire.

Dans la relation parent/enfant, le désir de plaire est fortement agissant. Si cette relation est bienveillante et sécurisante alors il sera plus facile à l'enfant de vivre une relation vraie avec ses parents. Il n'agira pas par peur des représailles mais dans un désir personnel de faire selon le désir de ses parents car il sait que c'est bon pour lui. Notre relation avec notre Père céleste est basée sur sa bienveillance à notre égard. Nous savons que sa volonté est bonne et parfaite. Donc, en face de désirs intérieurs contradictoires, nous avons à choisir entre plaire à Dieu ou se laisser entraîner par une humanité pervertie.

Pour conclure ce chapitre, retenez que vous êtes appelés à être créatifs pour briller dans ce monde en tant qu'enfants de Dieu. Dieu, notre Père, produit en nous le vouloir et le faire pour nous permettre d'oser la créativité.

Une pause pour ma vie

Quel est le domaine de votre vie qui suscite en vous le plus de motivation (pour lequel vous avez le plus d'idées) ?

....

....

....

Comment transformer cette motivation en action concrète dans l'œuvre de Dieu ? (Donnez un exemple de ce que pourriez faire)

....

....

....

Présentez à Dieu ce que vous venez d'écrire comme un enfant partagerait son idée à son père.

V

L'ESTIME DE MA VIE

Une des grandes étapes dans la vie de l'enfant est son entrée dans la vie scolaire. Lieu d'apprentissage par excellence, l'école peut autant devenir un tremplin qu'un obstacle dans la construction de l'enfant. Ses nouvelles acquisitions comme la lecture, l'écriture et le calcul vont lui permettre de s'ouvrir à un monde de possibilités. Entre 6 et 11 ans il va entreprendre une multitude de réalisations qui lui permettront de mettre en œuvre ses différentes capacités. Dans cette phase de son développement, l'enfant s'appuiera évidemment sur la confiance acquise, la liberté d'autonomie et d'initiative. Erik H. Erickson a désigné cette étape par le mot « *Industry* » qui a été traduit par « réalisation » en français. Ce mot se définit par les capacités et moyens déployés pour produire quelque chose. Notons que le pendant de la réalisation est l'infériorité. Le regard et les réactions des adultes sur les productions de l'enfant sont capitaux pour lui. Il peut engendrer une valorisation de ses capacités, lui donnant de l'assurance pour son avenir. Mais il peut tout autant l'enfermer dans une dévalorisation mélangeant le faire avec l'être. Cela se traduit par le raisonnement du type « je ne suis pas capable donc je n'ai pas de valeur. » C'est dans cette période que se développe particulièrement le sentiment d'infériorité qui conduira à de nombreux blocages en tant qu'adulte.

Combien d'enfants vivent sans le regard bienveillant ou sans une parole de félicitation de la part de leurs parents. Ils deviennent, la plupart du temps, des adultes prisonniers dans de fausses incapacités ou dans une activité effrénée.

Peut-être vous reconnaissez-vous dans ce constat ? Peut-être la pensée de vos incapacités vous domine-t-elle continuellement ? Peut-être que vous multipliez vos activités à la recherche de l'approbation des autres ? Alors sachez que Dieu, votre Père, a continuellement un regard bienveillant sur votre vie. Avant même que vous ayez fait quoi que ce soit, il a une grande estime pour vous. Mieux encore, Il sait que vous possédez les compétences pour un travail qu'Il vous a réservé : *Car nous sommes son ouvrage, ayant été créés dans le Christ Jésus pour les bonnes œuvres que Dieu a préparées à l'avance, afin que nous marchions en elles.* (Ep 2,10 – Version Darby)

En Christ nous sommes destinés à accomplir ses œuvres créées d'avance… Il ne définit pas notre valeur en fonction de nos capacités mais de notre position en Lui. En revanche, Il sait nous féliciter dans nos actions, renforçant ainsi notre confiance intérieure en vue d'agir selon sa volonté. Dans la parabole des trois serviteurs, Jésus met en avant ce principe : *Son maître lui dit : C'est bien, bon et fidèle serviteur ; tu as été fidèle en peu de chose, je te confierai beaucoup ; entre dans la joie de ton maître.* (Mt 25,23)

Chez Dieu il n'y a pas de confusion entre l'être et le faire, mais une véritable continuité. Son désir est qu'il y ait une profonde harmonie entre qui nous sommes et ce que nous faisons. Dit autrement, je ne fais pas pour exister et je n'existe pas pour faire mais je suis ce que je fais et je fais ce que je suis.

En tant que Père Il nous encourage au faire, non comme une preuve de ce que nous sommes mais comme une conséquence. En outre, Dieu valorise davantage notre persévérance dans le faire que dans l'expression de la réussite. Nous avons tous eu consciemment ou inconsciemment cette pensée de prouver à notre entourage qui nous sommes à travers nos actes.

Cette conception prend naissance chez l'enfant. Par ses productions visibles, il veut démontrer à son entourage toutes ses compétences et surtout qui il est ! C'est une situation tout à fait normale. L'adulte lui, s'il est obsédé par la recherche perpétuelle de prouver qui il est, n'est plus dans la normalité. Il sera alors question chez lui de son besoin de reconnaissance, d'être valorisé ou de son manque de confiance dans ses compétences. Tel adulte peut même posséder ce qui est appelé le complexe d'infériorité. Celui-ci est intimement lié à une mauvaise estime de soi.

Le problème pour les personnes vivantes cela est que tout échec devient dramatique. Car il amplifie une croyance intérieure d'incapacité et d'infériorité. Malheureusement nous retrouvons souvent cet état dissimulé par une fausse humilité chez les chrétiens. L'expérience de la nouvelle naissance ne se suffit pas en elle-même pour effacer la mauvaise estime de soi et le complexe d'infériorité. La bonne nouvelle est que Dieu veut apprendre à ses enfants à sortir de ce complexe et chaque étape décrite dans les chapitres précédents est importante pour y parvenir.

Je suis l'ouvrage de Dieu

L'expression « nous sommes son ouvrage » a été traduite aussi par « ce que nous sommes, nous le devons à Dieu ». Ce qui confirme que ce que nous sommes n'est pas dans ce que nous faisons mais dans ce que notre Père a fait dans notre vie. Comprenons bien, afin de briser certains blocages, que ce que nous sommes est bien plus que ce que nous pensons de nous-mêmes ; bien plus que toutes nos productions visibles.

Nous sommes sous influence divine

L'Apôtre Paul parle de cet autrefois où, *vous étiez morts par nos offenses et par nos péchés, dans lesquels nous marchions autrefois, selon le train de ce monde, selon le prince de la puissance de l'air, de l'esprit qui agit maintenant dans les fils de la rébellion.* (Ep 2,1-2)

Cette parole me pousse à vous poser une question : Qu'est-ce qui agit réellement dans votre être intérieur et donne une direction à votre manière de vivre ? Nos actions ne sont que la manifestation de ce qui remplit nos cœurs. Des croyances toxiques produiront des actes empoisonnés. Notre style de vie n'est que le reflet de ce qui influence nos pensées et nos émotions. Plus simplement, tout ce que nous faisons ne changera jamais ce nous sommes !

La nouvelle vie en Christ ne consiste pas en une série d'œuvres dites chrétiennes ; elle consiste en une nouvelle influence agissante sur nos pensées et nos émotions. Par l'union avec le Christ, cette influence est celle de l'Esprit de Dieu. Lui seul change profondément notre être intérieur et, par voie de conséquence, nos actions. Mon assurance est que ma foi simple en Jésus me place sous l'influence de l'Esprit Saint. Comme un enfant ressemblant à son père, je le vis avec Dieu mon Père. Et cela ne nécessite aucune action particulière de ma part.

J'ai vécu ce changement en passant de l'état d'athée convaincu à croyant attaché à Jésus-Christ. Je l'ai aussi vécu en passant de l'état de célibataire à marié !

Autrefois célibataire, j'avais des habitudes et des réactions d'homme célibataire. Je décidais seul des horaires de ma journée, de mes tenues vestimentaires et de mes activités. Il ne m'était pas envisageable de changer mes actions imprégnées par mon célibat ! Mais un jour je me suis marié et je peux dire que le changement a été radical car une nouvelle influence agissait sur ma vie : celle de l'amour pour ma femme ! Mes nouvelles actions n'étaient pas le fruit d'efforts pour prouver que j'étais marié, mais découlaient simplement de mon nouvel état.

Je vous invite à placer totalement votre manière de vivre sous influence divine. Votre foi en Jésus vous conduit à vivre sous l'influence du Saint-Esprit ! Ne soyez pas préoccupés par les actions à faire mais par un style de vie marquée par l'œuvre de Dieu.

Nous sommes marqués d'un label divin

En recevant le Saint-Esprit, nous sommes estampillés « Enfant de Dieu » ! C'est comme un label désignant la provenance et la qualité de qui nous sommes aujourd'hui.

Dans l'alimentaire, il existe l'appellation « Label rouge ». Elle désigne une qualité supérieure de tel produit par rapport aux autres. Dans le domaine artistique il existe aussi différents labels. Ils correspondent à une marque de production qui reflète un savoir-faire, une direction artistique, une identité.

En déclarant que nous sommes l'ouvrage de Dieu, nous sommes reconnus comme divinement labellisés. Se placer entre les mains du Créateur, c'est bénéficier de son savoir-faire, de sa direction, de son identité ! Notre vie a grandi en qualité par le fait d'une seule déclaration divine : « Tu es mon enfant bien-aimé ! »

Il arrive parfois qu'en croisant une personne nous disions : « Il y a quelque chose de différent chez elle. » Après discussion, nous nous apercevons qu'elle est chrétienne. N'est-ce pas là une preuve d'un label divin sur sa vie ?

Paul, parlant de lui-même, déclare : *Par la grâce de Dieu je suis ce que je suis, et sa grâce envers moi n'a pas été vaine.* (1 Co 15,10)

Vous êtes en droit de le dire pour vous-même. Cette déclaration ne dépend pas de vos actions mais de la seule grâce de Dieu. C'est L'honorer que de dire : « Je suis son ouvrage et Il m'a revêtu de sa nature ». Ne cherchez pas en faire plus, laissez Dieu faire !

Nous sommes riches

Une jeune fille chrétienne du début du XXe siècle écrivait dans un de ses courriers : « Je sais qu'une vie livrée au Christ tout entière peut être extraordinairement riche et puissante. Dieu m'a donné des expériences qui m'ont fait réaliser sa puissance et les transformations qu'il opère[1]. » Jésus donne accès à toutes les richesses de notre Père céleste. Nous sommes extraordinairement riches en Lui.

1. Renée DE BENOÎT née Van Berchme, *Souvenirs et lettres* (1892-1919), p. 48.

Il nous a ressuscités ensemble, et nous a fait asseoir ensemble dans les lieux célestes, en Jésus-Christ, afin de montrer dans les siècles à venir l'infinie richesse de sa grâce par sa bonté envers nous en Jésus-Christ. (Ep 2,6-7)

Quand je considère mon passé sans Dieu, je ne peux que reconnaître l'extrême pauvreté de ma vie intérieure. J'agissais pour m'enrichir intellectuellement, pour me trouver une place dans la société, pour que je sois reconnu… Toutes mes actions n'ont pu m'apporter les véritables richesses intérieures. Mais en trouvant mon Père parfait, j'ai acquis de grandes richesses qui ne sont pas de l'ordre matériel mais du domaine humain et spirituel. Elles m'ont été données sans avoir besoin de prouver que je les méritais. Nous pouvons prendre à notre compte la parole biblique suivante : *De même que vous excellez en toutes choses, en foi, en parole, en connaissance, en zèle à tous égards, et dans votre amour pour nous, faites en sorte d'exceller aussi dans cette œuvre de bienfaisance.* (2 Co 8,7)

Soyez convaincus que vous possédez plus que vos actions laissent entrevoir. Par ses dons, Dieu vous désigne comme son œuvre de valeur qui fait de vous une personne préparée pour *une vie riche d'œuvres bonnes.*

Je suis donc je fais

La conscience de qui nous sommes en Christ donne un nouveau sens au mot faire. Nous prendrons le faire comme continuité de l'être sans aucune confusion entre les deux.

> *Dieu nous a créés pour une vie riche d'œuvres bonnes qu'il a préparées à l'avance afin que nous les accomplissions.* (Ep 2,10 – version Semeur 2015)

Le témoignage de qui je suis

Certains se surchargent d'activités, car sans cesse ils doivent prouver au monde entier qu'ils sont des personnes capables. Ce sont des enfants que n'ont pas eu l'encouragement de leurs parents, et en particulier de leur père. Ils recherchent continuellement les signes d'attention des figures d'autorité. Ils se disent qu'ils doivent montrer qu'ils sont un bon ouvrier, un bon artisan, un bon chrétien...

Dieu, notre Père, ne nous demande pas de prouver au monde entier qui nous sommes en tant que chrétiens. Il nous demande de rendre témoignage de qui nous sommes pour que le monde reconnaisse qu'Il est en nous. Nos œuvres ne sont pas des preuves de quoi que ce soit mais l'accomplissement de ce que notre Créateur a préparé d'avance. Nos actions ne se définissent plus en fonction de ce que nous estimons être capables ou pas de faire. Nous arrêterons de nous noyer dans une surenchère d'activités comme symptôme d'un complexe d'infériorité. Bien au contraire, nous agirons seulement pour rendre témoignage de notre position d'enfant de Dieu et de la réalité divine. Jésus déclarait :

> *Moi, j'ai un témoignage plus grand que celui de Jean ; car les œuvres que le Père m'a donné d'accomplir, ces œuvres mêmes que je fais, témoignent de moi que c'est le Père qui m'a envoyé.* (Jn 5,36)

Ses œuvres attestent qu'Il est légitimé par Dieu mais Il n'a aucunement besoin de ses œuvres pour Lui-même mais plus pour le monde.

Nous pouvons prendre l'image d'un arbre fruitier pour mieux comprendre cette vérité. Le fruit démontre de quel type est l'arbre mais n'a pas pour but de faire du bien à l'arbre. Qu'il porte ou pas du fruit, selon la saison, l'arbre continue de croître et d'être ce qu'il est. Son fruit n'est utile qu'à ceux qui vont en profiter. Tel est le sens du faire en Christ. Nous faisons non pour nous mais pour le monde. Jésus nous interpelle ainsi :

> *Vous êtes la lumière du monde. Une ville située sur une montagne ne peut être cachée ; et on n'allume pas une lampe pour la mettre sous le boisseau, mais on la met sur le chandelier, et elle éclaire tous ceux qui sont dans la maison. Que votre lumière luise ainsi devant les hommes, afin qu'ils voient vos bonnes œuvres, et qu'ils glorifient votre Père qui est dans les cieux.* (Mt 5,14-16)

Agir librement dans son champ d'action

Le mot grec traduit par *accomplir* ou *marcher en* est particulier. Il a pour sens de *se promener* avec l'idée d'allées et venues. Ce qui me fait penser que ce que Dieu nous demande est davantage d'entrer dans un processus du faire que dans une série d'actions ponctuelles. Notre Père nous propose une vie riche d'œuvres bonnes dans lesquelles nous avons la liberté d'agir.

J'aime me promener en forêt sans suivre forcément les sentiers. Il y a toujours des découvertes à faire ! Je m'imagine donc mon action pour Dieu comme une balade dans un territoire délimité et défini par Dieu lui-même. C'est comme une forêt dans laquelle Il nous invite à nous promener et à agir pour l'entretenir et l'embellir. Il ne nous dira pas forcément quoi faire en détail mais nous aurons de quoi faire de toute manière ! Avec toutes nos capacités, nous avons la liberté d'agir dans beaucoup d'endroits et de différentes manières selon la mission que Dieu nous donne.

Reprenons l'image de l'enfant qui apprend à lire, à écrire et à compter. Avec ces nouvelles capacités, il ne va pas seulement lire ou écrire ce que son professeur lui dira mais il aimera le faire dans différents contextes. Nous le voyons même se mettre à compter tout et n'importe quoi !

La question fondamentale à se poser devant Dieu n'est pas « quelle action je dois faire ? » mais « dans quel champ d'action je me dois d'agir ? » Notre vision de la volonté de Dieu ne doit pas être linéaire ; je fais A ensuite B, ensuite C... Nous devons l'envisager comme globale. Nous sommes enfants de Dieu, nous avons des compétences et un champ d'action. Il nous reste plus qu'à circuler dans l'ensemble des œuvres bonnes préparées d'avance pour les accomplir !

Prenez le temps maintenant d'ancrer dans vos convictions que vous êtes bien plus que tout ce que pouvez faire. Soyez certains que Dieu vous place devant un territoire dans lequel vous êtes capable d'intervenir. Qu'il en résulte échec ou réussite, Dieu ne vous dévalorisera jamais. Il veut vous rassurer et vous encourager à faire non pour prouver vos capacités mais pour bénir ce monde

Une pause pour ma vie

Écrire au moins une action (par exemple un service rendu) que vous avez faite récemment et qui a été utile.

....

....

....

Quelles sont les compétences que vous estimez avoir utilisées pour mener à bien l'action précédente ?

....

....

....

Remerciez Dieu de vous avoir rendu capable de mener à bien l'action que vous avez citée précédemment. Prenez un temps de recherche de Dieu en désirant discerner le champ d'action qu'Il vous a réservé.

VI

LA STABILITÉ DANS MA VIE

Je sais qui je suis

Erik H. Erickson a construit sa théorie du développement humain sur le concept d'identité. Dans l'évolution de chaque stade de vie, une réponse particulière peut être donnée à la question « Qui suis-je ? ». Au cours de son existence la personne serait confrontée à des crises internes régulières. La méthode de résolution de ces crises construirait l'identité de la personne. La période de l'adolescence en est un exemple marquant. Car l'enfant entre 12 et 17 ans est particulièrement bousculé dans son identité. Sa transformation physique soudaine et rapide l'arrache aux certitudes de son enfance et sa quête identitaire devient de plus en plus pressante.

Beaucoup de spécialistes ont étudié l'adolescence avec tous ses conflits intérieurs. Ceux-ci sont normaux. La difficulté survient lorsqu'aucune certitude n'est apportée par l'entourage proche de l'adolescent et par la société. La sortie de crise devient presque impossible à cause d'un environnement lui-même en crise !

Dans l'observation de notre société actuelle d'hypermodernité plusieurs penseurs parlent de crise permanente. Ils affirment que nous sommes confrontés à la dissolution des repères entraînant trois grandes crises : la crise des fondements ou de l'autorité, la crise de la normativité qui consiste en l'impossibilité de confronter les différences et la crise du processus identitaire où l'identité se confond avec l'égalité. Ainsi aujourd'hui plus qu'hier la certitude d'identité laisse plus souvent place à la confusion d'identité. Mais est-ce si grave de ne pas savoir qui je suis ? Oui car nous ne pouvons pas vivre sans certaines certitudes concernant notre propre personne.

L'adolescent en pleine confusion d'identité cherchera des points d'appuis pour grandir vers la stabilité. Les trouvera-t-il ? La réalité est qu'il sera plus souvent ballotté par des vents idéologiques qu'ancré dans une certitude. L'état de confusion est tel qu'il ne sait pas sur qui ou sur quoi s'appuyer pour découvrir qui il est. Sa quête d'identité aboutit souvent à amplifier ses blessures. Nous pourrions lui adresser cette remarque biblique : *Tu as pris pour soutien ce roseau cassé, qui pénètre et perce la main de quiconque s'appuie dessus : tel est Pharaon, roi d'Égypte, pour tous ceux qui se confient en lui.* (Es 36,6)

Par exemple nous savons que l'adolescent s'interroge particulièrement sur sa sexualité et son genre, qui est partie intégrante de son identité. Quelle réponse lui donnera-t-on ? N'oublions pas que ce qu'il vit n'est que la continuité de ce qu'il a vécu dans sa construction en tant que bébé et enfant. S'il a pu vivre les stades de la confiance, de l'autonomie, de l'initiative et de la réalisation sans tomber dans la méfiance, la honte, la culpabilité et l'infériorité, alors sa réponse d'identité sera remplie de certitudes. Il deviendra l'adulte qui saura déclarer avec assurance : Je sais qui je suis !

De même, pour nous enfants de Dieu, il est important de pouvoir se questionner sur ce « qui suis-je ? » Il est intéressant de voir que Jésus lui-même a posé cette question à ses disciples. *Qui dit-on que je suis ?... Et vous qui dites-vous que je suis ?* (Lc 9,18.20)

Est-ce que Jésus avait des doutes sur son identité et avait-il besoin d'une confirmation extérieure ? Je pense que sa demande est davantage formulée pour nous que pour Lui. Suivant le chemin que Jésus a ouvert, nous marchons dans ses traces. N'ayons donc pas peur d'oser poser la fameuse question existentielle à la lumière de la Bible et avec le témoignage éclairé de notre entourage.

À l'image de l'adolescent en pleine confusion d'identité, nous rencontrons parfois des enfants de Dieu qui ne savent pas vraiment qui ils sont. Paul parle d'eux comme étant des *enfants, flottants et emportés à tout vent de doctrine, par la tromperie des hommes, par leur ruse dans les moyens de séduction* (Ep 4,14)

Il fait allusion ici aux croyants en Jésus-Christ manquant de stabilité dans leur vie, sans ancrage fort dans la vérité. Ils peuvent naviguer d'une croyance à une autre, facilement séduits ou manipulés par l'erreur. Je pourrais même dire que leur vie va dans tous les sens alors qu'en Jésus notre vie devrait retrouver son véritable sens. Dans ce même passage de la Bible il est question de parvenir à *l'unité de la foi et de la connaissance du Fils de Dieu, à l'état d'homme fait, à la mesure de la stature parfaite de Christ.* (Ep 4,13)

Pour revenir à la question d'identité, l'adolescent est en quête de son identité profonde alors que le véritable adulte possède des certitudes dans ce domaine. De même, l'enfant de Dieu adulte sait quoi répondre à « Qui suis-je ? » bien que l'identité ne soit pas figée. Notons qu'elle évolue et s'affine avec le temps. Mais pour cela elle a besoin de bases solides. Les stades de développement, présentés dans les chapitres précédents, forment ces bases.

Je remarque que la plupart du temps, ne pas savoir « qui je suis » en tant que personne entraîne plus de difficulté à se positionner en tant qu'enfant de Dieu. L'état adulte de l'enfant de Dieu est plus profondément lié que nous le pensons à son état adulte de personne humaine. Le manque de confiance en Dieu, que certains considèrent comme un manque de foi, peut être seulement une prolongation d'une méfiance interne bien ancrée depuis la première année de vie. Donc cela n'a rien à voir avec un problème théologique ! La culpabilité continuelle devant Dieu n'a peut-être aussi rien à voir avec le péché mais plus avec des injonctions parentales paralysantes.

Comme j'ai voulu le faire comprendre en introduction de ce livre, naître de nouveau pour vivre comme une nouvelle enfance n'efface pas les blessures du passé. Mais cela nous ouvre un nouveau chemin pour fonctionner différemment, changer de croyances et acquérir des convictions constructives. Les étapes de la confiance, de la liberté d'être soi, d'oser la créativité et d'une action décomplexée nous amèneront toujours à une certitude d'identité à tous les niveaux. La déclaration « je suis enfant de Dieu » ne reposera pas sur une sorte de slogan répétitif mais sur un ancrage intérieur dans la confiance et la vraie liberté trouvées en Christ.

Si vous êtes en questionnement et même dans la confusion concernant votre identité, soyez convaincus que le chemin ouvert par Jésus permet de retrouver toute sa stabilité dans ce domaine. Il ne vous a pas juste sauvé mais il agit pour votre transformation intérieure afin que vous grandissiez à tous égards. Avec Dieu votre Père, la construction d'une identité complète et stable devient possible.

Des certitudes absolues

Nous vivons dans une société en perpétuel mouvement. Chaque génération a ses idéologies à la mode, ses définitions d'une vie réussie, sa conception de la famille idéale et de la vérité. À la fin des années soixante, l'éducation refusant l'établissement de règles pour l'enfant a voulu s'imposer. Aujourd'hui tous les spécialistes conjurent les parents de mettre en place un cadre avec ses règles pour le bien des enfants. La violence conjugale et les abus sexuels largement condamnés aujourd'hui, étaient facilement tolérés dans les générations précédentes !

Actuellement la grande idéologie est issue du concept de genre et des mouvements ultraféministes. Les réponses aux questions d'identité offrent la liberté de s'autodéfinir dans son sexe, son genre et son orientation sexuelle. Notre façon de penser est imprégnée par le relativisme, déconstruisant ainsi tout ancrage dans une vérité absolue et éternelle.

Je suis persuadé que ma stabilité dans ma vie dépend pour beaucoup de la stabilité de mes fondements de vie. Je crois que des certitudes éternelles existent en Dieu. Elles me permettent de rester stable dans un monde instable.

Pierre donnera une juste réponse à la question : *Qui dites-vous que je suis ?* Ce qui lui vaudra une remarque essentielle de la part de Jésus : *Tu es heureux, Simon, fils de Jonas ; car ce ne sont pas la chair et le sang qui t'ont révélé cela, mais c'est mon Père qui est dans les cieux.* (Mt16,17)

Cette affirmation ne provient pas d'une réflexion humaine mais d'une vérité appartenant à Dieu.

Pour moi, la quête identitaire est aussi une quête de sens de son existence terrestre. Vivre sans savoir qui je suis exactement n'a aucun sens. Comme pour Pierre nous avons tous besoin d'instants où la révélation effacera nos interrogations pour les remplacer par des convictions. Ces convictions ne seront pas construites par une réflexion personnelle ou par l'adhésion à un courant idéologique. Elles proviendront de ce qui est établi depuis toujours en Dieu. Il est le Père Éternel qui éclaire tous ses enfants dans leur recherche identitaire. Un adolescent a besoin de ses parents pour le guider dans des certitudes d'identité. De même, dans notre nouvelle vie en Christ, nous avons besoin de notre Père céleste pour nous guider vers une stabilité dans notre identité.

Si vous vous sentez dans la confusion au sujet de votre identité, sachez que des réponses stabilisantes existent auprès de votre Dieu. Dans les deux prochains chapitres je développerai deux grandes certitudes qui donnent du sens à notre vie et nous stabilisent.

Une pause pour ma vie

✎ *Écrivez vos principales certitudes concernant la réponse à la question : « Qui suis-je ? »*

....

....

....

✎ *Écrivez vos principales interrogations concernant votre personne ?*

....

....

....

Remerciez Dieu pour qui vous êtes et demandez-Lui de vous conduire vers plus de stabilité personnelle.

VII

L'IMAGE DE DIEU DANS MA VIE

Peut-être qu'une des paroles les plus vexantes pour un ado serait de lui dire qu'il ressemble, dans sa façon de penser et dans ses attitudes, à ses parents. Il se bat justement, tous les jours, pour s'en différencier. Alors lui dire qu'il est comme eux, quel affront !

L'adolescent vivant dans notre société occidentale centrée sur l'individu reçoit sans cesse le message qu'il est unique, différent et exceptionnel ! Sa quête d'identité peut être alors forcée vers ce qui est unique en lui avec le désir de démontrer sa particularité. Malheureusement ce chemin n'aboutira jamais à la stabilité personnelle, car c'est oublier que notre identité dépend pour moitié de ce qui nous rend identique aux autres.

À l'origine, le mot identité provient du latin « *identitas* » qui signifie « *idem* » dans le sens d'être le même dans la continuité. Nous sommes donc tous une part de ce que les générations précédentes ont déposé en nous !

Lorsque Jésus interroge ses disciples sur son identité, la réponse est : *Jean Baptiste ; les autres, Élie ; les autres, qu'un des anciens prophètes est ressuscité.* (Lc 9,19)

Chacun fait référence à une autre personne existante dans l'histoire pour définir l'identité de Jésus. Même Pierre dans sa réponse éclairée déclare : « Tu es le messie, le Fils du Dieu vivant ». Jésus est le Fils de Dieu donc Il est reconnu par sa filiation et sa ressemblance à son Père qui est l'Éternel. Cette ressemblance du Fils au Père est définie ainsi dans la Bible : *Dieu, dans ces derniers temps, nous a parlé par le Fils, qu'il a établi héritier de toutes choses, par lequel il a aussi créé le monde, et qui, étant le reflet de sa gloire et l'empreinte de sa personne.* (He 1,2-3)

Il est donc le reflet sur terre de la gloire du Dieu invisible. Et nous de qui sommes-nous le reflet ?

En fait nous pouvons, dans notre identité, nous comparer à un miroir. Nous reflétons tous une part des personnes qui ont construit notre histoire. D'ailleurs la personne que nous sommes est un véritable mélange de ressemblances multiples à des individus multiples !

Concernant les adolescents, je citerai un article de Claire Cubelles-Seibert qui évoque une réflexion de A. Braconnier :

> *C'est donc au travers des identifications transgénérationnelles que l'identité se construit. Le jeu des identifications transgénérationnelles est particulièrement complexe pour l'adolescent quand les adultes eux-mêmes sont en quête de repères dans leurs lignées familiales, comme c'est souvent le cas dans nos sociétés contemporaines*[1].

Cet article met en avant la nécessité de parents stables dans leur identité en vue de la construction de l'identité de leur enfant. Des parents déboussolés, sans cesse en proie à des questions existentielles, sans convictions et sans valeurs fortes transmettent à différents niveaux la confusion à leur enfant. J'ai partagé le fait que nous vivons dans une société en crise permanente. Pour moi une manifestation de cette crise est la confusion de genre dans l'identité des adolescents d'aujourd'hui.

1. « Identité et transmission », *Adolescence*, N° 2, 2017.

Pour comprendre qui nous sommes, il faut donc comprendre et accepter de chercher à qui nous ressemblons. Reconnaître tous nos héritages, c'est faire la moitié du chemin vers la certitude de notre identité. Se définir en tant qu'enfant de Dieu commence donc par rechercher ce qui est identique à tous les membres de la famille de Dieu, quelle que soit la culture dans laquelle nous évoluons. Cela revient à se demander « à qui ? » et « à quoi je ressemble ? »

Une ressemblance passive

Bien que l'adolescent entre continuellement en résistance contre toute ressemblance avec ses parents, il ne pourra pas rejeter les évidences. Il est imprégné de leur culture, ce qui est nécessaire à sa stabilité. Robert Neuburger, psychanalyste et thérapeute de couple, évoque la notion de mythe familial. Je le cite :

> *Pour ma part, je dirais que le mythe familial est une représentation, partagée par les membres du*

groupe, du groupe lui-même comme ensemble et de ses relations au monde. Le mythe engendre des règles de fonctionnement, c'est-à-dire des convictions sur les rôles que chacun doit prendre dans la famille[1].

Nous pouvons parler ici de croyances communes fortement ancrées en chacun et traversant les générations. Ces croyances sont autant d'éléments qui forgent notre identité sans que nous l'ayons choisi. À l'image du miroir qui ne choisit pas forcément tout ce qu'il reflète, de même nous avons tous en nous ce que j'appelle des ressemblances passives.

Pour nous qui croyons en Dieu, qui avons vécu la nouvelle naissance, comprenons la portée de cette réalité. Accepter et accueillir certaines ressemblances non choisies nous permet de faire un bout de chemin dans la stabilité de notre identité.

J'ai noté trois grandes sources de ressemblance passive dans notre vie.

1. Robert NEUBURGER, *Les rituels familiaux*, p. 17-18 / éd. Petite Biblio Payot.

Par ma création

Je suis un être humain sexué, telle est la première déclaration d'identité. Cela peut paraître simpliste mais de plus en plus de personnes rejettent cette base. Il suffit d'écouter, aujourd'hui, ceux qui déclarent l'animal égal de l'homme et ceux qui veulent gommer toutes les différences de genre.

Lors de la création de l'être humain voici ce qu'il est écrit :

> *Puis Dieu dit : Faisons l'homme à notre image, selon notre ressemblance, et qu'il domine sur les poissons de la mer, sur les oiseaux du ciel, sur le bétail, sur toute la terre, et sur tous les reptiles qui rampent sur la terre. Dieu créa l'homme à son image, il le créa à l'image de Dieu, il créa l'homme et la femme.* (Gn 1,26-27)
>
> *L'Éternel Dieu forma l'homme de la poussière de la terre, il souffla dans ses narines un souffle de vie et l'homme devint un être vivant.* (Gn 2,7)

Les caractéristiques de notre création nous indiquent trois choses concernant notre identité dans ce qui forme notre ressemblance passive.

1) Nous sommes différenciés de l'animal car nous sommes les seuls dans la création « faits à l'image de Dieu ». De plus, nous remarquons qu'il est question d'espèce pour les animaux alors que ce terme n'est pas employé pour l'homme. Nous ne sommes pas une espèce parmi l'ensemble des espèces de mammifères mais l'être humain, pour Dieu, est vraiment hors catégorie !

2) Nous sommes des êtres sexués. Dès le commencement Dieu a créé l'être humain, homme et femme, non pour qu'il y ait confusion entre les deux mais distinction de l'un vis-à-vis de l'autre. Puisqu'il est écrit : *L'Éternel Dieu forma une femme de la côte qu'il avait prise de l'homme, et il l'amena vers l'homme.* (Gn 2,22)

Actuellement il y a un rejet de ce qui est appelé « assignation de genre ». Derrière ce phénomène moderne, il y a le rejet du masculin et du féminin établis dès la conception. Impossible donc de choisir personnellement son sexe au moment de sa conception. Nous sommes obligés d'accepter d'être de sexe masculin ou de sexe féminin. Suis-je un gars ou une fille ? Est-ce que j'aime plus les gars ou plus les filles ? Quelle sera mon orientation sexuelle ? Autant de questions que se posent de nombreux adolescents dont la réponse orientera leur jeunesse et leur vie d'adulte. Je suis convaincu que si Dieu nous a créés masculin ou féminin, c'est qu'il existe une identité masculine et une identité féminine que chacun est appelé à accueillir selon son sexe biologique.

3) Nous sommes limités en tant que créatures terrestres. N'oublions jamais que nous ne sommes que des êtres humains avec toutes leurs faiblesses et limitations. Elles font partie de notre identité propre. Ce n'est pas une erreur à gommer, mais une réalité à accepter humblement. L'homme n'est pas Dieu, il est créature de Dieu. Ce qui implique qu'il est limité dans ses connaissances dans le temps, dans l'espace, dans ses actions…

Considérons un instant Jésus-Christ parfaitement homme. Il s'est revêtu de cette humanité, de sa conception jusqu'à sa mort pour ensuite ouvrir la porte de la résurrection. Il n'a pas utilisé les miracles à tout va pour dépasser ses limites humaines mais il les a acceptées comme étant normales. Qu'il en soit de même pour nous. Arrêtons de nous battre contre certaines de nos limites que nous n'avons pas choisies. Ces limites sont le lot de l'humanité et elles devraient simplement être accueillies comme une part de notre identité.

Par ma filiation

Mon épouse, parfois, s'amuse à me bousculer en me disant : « Ne fais pas ton Daniel ! », ce qui me fait réagir immédiatement en refusant vigoureusement cette déclaration ! Non, ce n'est pas possible, je n'ai pas cette ressemblance avec mon père. Daniel est mon père et j'ai hérité de lui certains fonctionnements personnels. Le plus terrible, dans cette affaire, est que tout se fait dans l'invisible. Il n'y a pas eu une stratégie éducative élaborée par mon père afin que je sois comme lui dans les aspects que mon épouse relève. Et de mon côté, je n'ai pas volontairement choisi de lui ressembler ainsi !

Sans aucun effort nous héritons de nos ancêtres ce qui définira notre personnalité. J'ai appris que ma grand-mère était vraiment introvertie, ce que mon père avait reçu et ce qu'il m'a transmis. C'est ce que j'appelle la ressemblance passive par filiation. Votre adolescent dont vous avez fait l'éducation a hérité de vous bien plus que vous ne le pensez. C'est ici pour nous qui sommes nés de nouveau, un puissant encouragement. Notre filiation n'est pas qu'humaine mais elle est aussi divine. Ce qui va donner à mon identité des convictions inconnues auparavant.

> *Comme sa divine puissance nous a donné tout ce qui contribue à la vie et à la piété, au moyen de la connaissance de celui qui nous a appelés par sa propre gloire et par sa vertu, lesquelles nous assurent de sa part les plus grandes et les plus précieuses promesses, afin que par elles vous deveniez participants de la nature divine, en fuyant la corruption qui existe dans le monde par la convoitise.* (2 P 1,4)

Cette parole est adressée à tous les enfants de Dieu. Le désir de notre Père céleste est que nous soyons tous rendus conformes à ce que Dieu est. Il y a donc une évolution de notre identité vers la ressemblance au Père.

Pour vous qui avez, dans le passé, été définis par des termes peu flatteurs, et peut-être avec raison, alors le passage cité ci-dessus sera porteur pour vous de certitudes de changements profonds. L'expression « conforme à ce que Dieu est » nous parle de devenir, dans notre nature même, comme Dieu dans nos modes de pensées et d'actions. Il est bien question ici d'une nouvelle nature héritée de Dieu. Nous avons reçu de lui son Esprit, qui agit en nous sans cesse pour nous transformer de gloire en gloire à l'image du Christ. (2 Co 3,18)

Certains pensent, à cet instant, que pour vivre cela il faut beaucoup prier, beaucoup lire sa Bible, beaucoup aller à l'église. Rien de cela n'est indiqué dans ce passage. La seule chose est de refuser de vivre selon des désirs porteurs de mort (cf. chapitre 3) et de fuir le mensonge pour embrasser la vérité. Alors l'Esprit de Dieu fera son œuvre dans le silence de notre être intérieur et sans efforts particuliers nous changerons vers l'image de Dieu. Retenons que c'est par ses dons que Dieu nous rend conformes à Lui.

Par imprégnation

Nous sommes tous comme des éponges s'imprégnant du milieu dans lequel elles se trouvent. Cette affirmation est vérifiable à tout âge. Notre entourage proche est le premier milieu dans lequel nous nous imprégnons inconsciemment d'éléments qui font notre identité. De notre naissance à notre adolescence nous sommes modelés par des paroles, des pensées et des attitudes provenant de nos parents et des personnes proches. Cette imprégnation inscrit profondément en nous un ensemble de croyances et d'émotions qui nous définissent en tant qu'adultes.

Il ne s'agit pas ici d'un choix personnel de modèle, mais de ce qui est du domaine de la ressemblance passive. Par exemple, il a été largement démontré que l'enfant se construit par la parole du père, sans que cela soit un choix conscient. Vous avez peut-être grandi dans un milieu nocif et toxique et vous reconnaissez aujourd'hui que certaines façons de penser ou de ressentir vous polluent intérieurement. Rassurez-vous, le changement est possible car il est écrit : *Car nous sommes son ouvrage, ayant été créés en Jésus-Christ…* (Ep 2,10)

Être au contact de votre Père céleste produit plus que vous ne l'imaginez. Ses Paroles et son Amour viennent délicatement imprégner votre être intérieur, ouvrant ainsi des possibilités de véritables changements. Vivre en communion avec Dieu, c'est vivre dans un milieu sain, équilibré, bienveillant. Je ne dis pas que tous vos problèmes ou combats personnels disparaîtront, mais qu'en Dieu il existe un milieu propice à des transformations intérieures. Celles-ci ne se feront pas immédiatement mais dans la continuité avec l'accompagnement de personnes vers qui Dieu vous guidera. Si vous souffrez intérieurement en étant ballottés dans votre identité, alors ne restez pas seuls. Osez vous tourner vers les personnes formées pour vous aiguiller vers votre reconstruction d'identité. Ces personnes peuvent être des psychologues, des conseillers chrétiens en relation d'aide, des thérapeutes, des pasteurs connaissant bien vos problématiques, des amis bienveillants…

Une ressemblance active

Souvenez-vous de votre adolescence. Quel était le modèle, pour ne pas dire l'idole, à qui vous recherchiez à ressembler ? Dans sa quête d'identité personnelle, l'adolescent part à la recherche d'identifications hors de son milieu familial. Pour se différencier de ses parents, il va s'identifier à d'autres personnes. Ce sera, de sa part, un choix conscient qui correspondra à certaines de ses attentes et de sa personnalité. Dans cette nécessité de vouloir « ressembler à », l'adolescent se tourne vers des modèles adultes qui l'attirent et qui deviendront ses références de vie. C'est ce que j'appelle la ressemblance active.

Nous savons aussi que l'appartenance à un groupe est capitale pour un adolescent. Ses relations les plus proches l'influenceront dans sa construction. Le principe que l'identité consiste pour moitié d'être « identique à », me conduit à vous poser deux questions :

Quels modèles vous ont construit ? Quelles relations influencent votre vie ?

Des choix de modèles édifiants

Dans notre culture occidentale hypermoderne, nous connaissons l'extrême influence de personnes bien en vue publiquement. Sur différents réseaux sociaux, des noms circulent dans le petit monde des ados ! Chacun y va de son conseil, de son opinion, de son look. Certains influenceurs vont amener du positif dans la vie des ados alors que d'autres seront totalement néfastes. Que vous le vouliez ou non, votre ado se choisit consciemment des modèles.

Jésus lui-même a manifesté un choix de modèle. Alors qu'il était âgé de douze ans, il décida de rester au temple de Jérusalem pour discuter avec les grands docteurs de la loi de l'époque. Comme tout ado qui se respecte, il ne dit rien à ce sujet à ses parents ! Ce n'est pas de la désobéissance mais sa préoccupation première à ce moment se situait ailleurs. Lorsque ses parents, pleins d'angoisse, le retrouvent assis dans le temple la réaction de sa mère est immédiate : *Mon enfant, pourquoi as-tu agi de la sorte avec nous ?* (Lc 2,48)

La réponse étonnante de Jésus fut : *Pourquoi me cherchiez-vous ? Ne saviez-vous pas qu'il faut que je m'occupe des affaires de mon Père ?* (Lc 2,49)

Jésus manifeste son choix de ressembler à son Père céleste plus qu'à ses parents terrestres. Son identité se construit dans l'identification avec une personne autre que ses parents biologiques. Plus encore, avec une personne qui lui apportera ce que ses parents ne peuvent lui apporter ! Les parents, surtout les mères, ont du mal à accepter cette réalité. Certains même le traduisent comme de la rébellion ou, pire encore, comme un rejet. À cause de cela certaines réactions parentales peuvent empêcher leur ado de trouver son identité. Mais si le modèle choisi permet de faire grandir son enfant, il faut s'en réjouir ! Et quel parfait modèle que celui de Jésus-Christ. Il apporte parfaitement à l'adolescent tout ce que, ni ses parents, ni tous ses modèles terrestres ne pourraient lui apporter.

Jésus a choisi Dieu, le Père, comme modèle supérieur à tout autre. Il nous appelle ainsi à faire de même pour nous et nos enfants. *Soyez mes imitateurs, comme je le suis moi-même de Christ.* (1 Co 11,1)

Ce pourrait être la déclaration du premier modèle que chacun devrait choisir. Si vous prenez conscience que certains de vos modèles d'adolescence et de jeunesse vous ont laissés dans la confusion, il est temps de faire le choix du Christ aujourd'hui même. Cela revient à choisir sa Parole pour influencer vos opinions et ses actions pour guider vos actions.

Je veux maintenant préciser un élément essentiel pour les parents. Laisser son ado vouloir ressembler à quelqu'un de différent d'eux ne veut pas dire le laisser choisir n'importe quels modèles à imiter ! Les parents ont pour responsabilité d'accompagner leur enfant vers un choix constructif. La difficulté actuelle est que beaucoup de parents ne savent plus quel modèle édifie et quel modèle détruit la personne. Ils ne peuvent alors que laisser leur ado dans la confusion face aux multiples possibilités de choix qui se contredisent. Par exemple, dans leur questionnement d'identité de genre, tous les modèles et idéologies proposés ne se valent pas.

L'influence des relations proches

Un des grands paradoxes que nous observons chez certaines personnes, et en particulier chez les ados, est que leurs relations proches ne correspondent pas au modèle choisi ! Leurs fréquentations habituelles viennent contredire leurs choix ! Cela est vrai pour tous, nous nous identifions aux personnes que nous choisissons de fréquenter de façon proche même si nous ne disons pas les prendre pour modèles.

L'église de Corinthe nous en montre un exemple. Paul, à l'origine de cette église, lui a annoncé l'évangile qu'il résume ainsi : Jésus est mort pour nos péchés, Il a été enseveli, Il est ressuscité le troisième jour et Il a été vu par beaucoup de personnes. (1 Co 15,3-8) Mais différentes personnes ont commencé, dans cette assemblée, à affirmer que la résurrection des morts n'existait pas ! Pris sous l'influence de ces personnes, plusieurs chrétiens se sont laissés détourner du message originel. C'est dans ce contexte que Paul cite un vers du poète grec Ménandre : *les mauvaises compagnies corrompent les bonnes mœurs.* (1 Co 15,33)

Inutile donc d'être chrétien pour reconnaître l'influence des relations sur nos valeurs personnelles. Des chrétiens de Corinthe déclarant croire en Jésus-Christ, ont accepté de placer leur foi sous la direction de personnes qui ne *connaissent pas Dieu.* Paul va les bousculer en leur disant : *Revenez à vous-mêmes, comme il est convenable.* (1 Co 15,34)

Qu'en est-il de nos relations d'aujourd'hui ? Celles que nous entretenons d'une manière particulière auront une grande influence sur qui nous sommes. Nous nous transformons toujours au contact régulier d'un proche. Donc le choix des amis et du conjoint est primordial dans l'évolution de notre identité. Comme dit le fameux proverbe « Dis-moi qui tu fréquentes et je te dirai qui tu es ». L'imitation de Jésus-Christ ne peut pas rester uniquement au niveau du choix de modèle mais elle doit se vivre dans une relation de proximité avec Lui.

Qui suis-je vraiment ? À cette question cherchons, premièrement, la réponse dans toutes les ressemblances passives et actives qui agissent réellement dans notre vie. L'héritage de notre passé ne peut être gommé, il est ancré dans notre identité. Mais la bonne nouvelle est que rien n'est figé en soi. Devenir l'enfant de Dieu et grandir en Lui, c'est être assuré d'une véritable transformation intérieure. Les nouvelles certitudes concernant ce que nous recevons de notre Père céleste et à qui nous désirons ressembler, vont nous permettre de répondre plus justement à la question « Qui suis-je vraiment ? »

Une pause pour ma vie

Quelles personnes ont eu de l'influence sur votre vie ? (écrire leur nom)

....

....

....

Quels sont les apports qui vous ont marqué de la part de ces personnes ?

....

....

....

Quel caractère particulier de Dieu aimeriez-vous posséder en priorité ?

....

Prenez un temps de prière devant Dieu pour lui exprimer votre désir de lui ressembler

VIII

LES PARTICULARITÉS DE MA VIE

L'adolescent oscille régulièrement entre identification et différentiation. Il ne peut se passer du groupe et de ses divers modèles qui le sécurisent. Mais dans le même temps, il aime afficher qu'il est une personne à part, différente des autres et capable de prendre des risques. Il est en pleine mutation psychologique et physique et désire s'émanciper afin de sortir d'un ancien monde qui le limitait. Car la réalité est que l'enfant qu'il était ne pouvait pas agir en toute liberté et cela n'aurait pas été souhaitable ! Dans sa quête d'identité, l'adolescent recherche continuellement à se démarquer et même à se faire remarquer ! Il a besoin de savoir ce qui fait de lui un individu unique. Souvenons-nous que, depuis sa naissance, il se prépare à devenir adulte ; la confiance, l'autonomie, l'initiative, la réalisation lui permettant de grandir vers une juste réponse à la grande question existentielle : « Qui suis-je ? » Après avoir parcouru la moitié du chemin dans nos certitudes d'identité, il est donc nécessaire de continuer d'avancer pour reconnaître ce qui fait de chacun d'entre nous des personnes uniques.

Concernant Jésus, le Fils de Dieu, comparé par certains aux prophètes du passé, se manifeste comme l'unique Messie, le seul Sauveur du monde. Pierre, par sa déclaration *Tu es le Christ...* montre que la personne qui lui fait face est unique.

Posons-nous donc la question suivante : « Qu'est-ce qui fait notre spécificité montrant que nous sommes uniques ? »

Je pense qu'il est bien plus ardu de reconnaître ses différences que d'accepter ses ressemblances, pour la simple raison que les groupes humains n'aiment pas voir un de leur membre sortir du cadre établi et considéré comme immuable. Notre famille, premier groupe humain que nous expérimentons, est donc source de nombreuses tensions. Par exemple nous pouvons voir la tension chez l'ado entre ce qu'il veut être dans son identité et ce que ses parents veulent qu'il soit ! Des personnes vivent toute leur vie sous l'emprise de leur famille, incapables d'exprimer ce qui les caractérise dans leur différence. Ce principe se retrouve aussi dans le monde du travail et dans les communautés religieuses.

Peut-être avez-vous été assujettis à cette réalité. Vous avez l'impression que votre appartenance à tel groupe vous force à renier qui vous êtes vraiment. Certaines personnes vivent toute l'existence dans la ressemblance avec comme arrière-plan le fort désir d'être acceptées par les autres.

Sous le regard du Père

Dans le domaine de la ressemblance, j'ai établi cette comparaison avec le miroir que nous pouvons être. Nous reflétons des aspects d'un ensemble de personnes. Concernant nos caractères uniques, ce miroir sera une autre personne que nous-même. Comme un miroir, elle nous renvoie qui nous sommes vraiment. Ce sera toujours grâce au regard d'une personne bienveillante que nous pourrons nous reconnaître nous-mêmes. Tel a été le cas pour Jésus. Il dit à Pierre : *Tu es heureux, Simon, fils de Jonas ; car ce ne sont pas la chair et le sang qui t'ont révélé cela, mais c'est mon Père qui est dans les cieux.* (Mt 16,17)

Ce qui signifie que c'est son Père qui déclare Jésus comme unique en tant que Messie. Remarquons que ce sont les déclarations de Dieu son Père, qui établissent Jésus comme unique dans qui il est et dans sa mission à accomplir. C'est sous le regard de son Père que Jésus est conforté dans son identité propre.

Il me faut donc insister sur l'importance du père vis-à-vis de la construction de notre identité. Une de ses fonctions est d'accompagner et d'aider son enfant à découvrir ce qui le caractérise en tant qu'individu unique. Malheureusement tous n'ont pas grandi sous le regard d'un père qui leur permet de découvrir leurs différences. Vous faites peut-être partie de ces personnes qui n'arrivent pas à trouver et à accepter leur caractère unique car aucune personne n'a su vous les révéler. Aujourd'hui vous avez la possibilité de le découvrir en vous plaçant sous le regard de votre Père céleste.

Nous voyons, à travers Jésus, trois éléments qui font que nous sommes uniques aux yeux de notre Père céleste.

Une déclaration d'amour unique

Le jour du baptême de Jésus, il est indiqué que *dès que Jésus eut été baptisé, il sortit de l'eau. Et voici, les cieux s'ouvrirent, et il vit l'Esprit de Dieu descendre comme une colombe et venir sur lui. Et voici, une voix fit entendre des cieux ces paroles : Celui-ci est mon Fils bien-aimé, en qui j'ai mis toute mon affection.* (Mt 3,16-17)

Ce fut un événement unique, démontrant tout l'amour que Dieu le Père manifesta, sur terre, à l'égard de Jésus. Je pense que Jésus avait besoin, en tant qu'homme, de vivre ce temps où il est reconnu unique dans l'amour du Père. Suite à ce baptême, Il aura à vivre le désert de la tentation, le rejet de sa propre famille, l'agonie de Gethsémani, la trahison de Judas, le reniement de Pierre, la mort de la Croix. Pourquoi vivre tous ces événements ? La réponse est « parce qu'il est différent de tous les autres hommes mais tellement aimé de Dieu !

Souvent nous parlons de l'amour de Dieu d'une façon globale et indifférenciée. Dieu aime tout le monde, Il ne fait pas de différence. C'est vrai mais incomplet. J'ose dire que Dieu m'aime d'une façon toute particulière et personnelle. Il me déclare son amour d'une manière unique car il me considère comme un individu unique. Je me souviens qu'au début de ma rencontre avec Dieu je disais cette prière : « Seigneur, je sais que tu m'aimes mais j'ai besoin de ressentir ton amour. » Il a su, à travers une vision particulière, transpercer mon cœur et m'envahir de tout son amour. Cela s'est passé il y a plus de 30 ans mais j'ai été profondément marqué. J'ai reçu, à cette époque, de la part de Dieu une déclaration d'amour unique. Unique, car dans le groupe de jeunes que nous formions, je fus le seul à expérimenter de cette manière l'amour de Dieu.

Dieu aime intensément tous les hommes mais la manifestation de son amour est unique pour chacun. Il sait nous montrer que dans son amour nous sommes uniques. Comme un père aime tous ses enfants tout en sachant le manifester à chacun de façon unique et particulière, ainsi est notre Dieu.

Une vocation unique dans ce monde

Le titre de Messie que Jésus reçoit, provient, non des hommes, mais de son Père. Le passage suivant en atteste : *Nul ne s'attribue cette dignité, s'il n'est appelé de Dieu, comme le fut Aaron. Et Christ ne s'est pas non plus attribué la gloire de devenir souverain sacrificateur, mais il la tient de celui qui lui a dit : Tu es mon Fils, je t'ai engendré aujourd'hui ! Comme il dit encore ailleurs : Tu es sacrificateur pour toujours, selon l'ordre de Melchisédek.* (He 5,4-6)

Jésus n'a pas décidé par lui-même de construire ce qui ferait de lui une personne unique. C'est Dieu qui a indiqué à Jésus sa vocation terrestre spécifique. Pour nous, aujourd'hui, cela signifie que le fait d'être unique ne provient pas de notre choix personnel mais de la décision souveraine de Dieu. Beaucoup recherchent leur identité propre dans la comparaison aux autres, s'égarant souvent dans des chemins qui ne leur correspondent aucunement. Nous le reconnaissons en particulier dans les communautés chrétiennes. Trouver sa place dans une église locale peut se transformer en : occuper une des places désignées par le groupe.

N'oublions pas que c'est Dieu le Père, qui nous donne l'intitulé de notre vocation. Notre recherche doit donc être exclusivement dirigée vers Lui. Bien que nous soyons des milliards d'individus sur terre, notre Père nous désigne individuellement en plaçant sur nos vies une vocation unique. Ce qui donnera un sens unique à notre existence car il correspondra parfaitement à ce pourquoi Dieu nous a placés sur terre. Ceci est d'autant plus motivant que cette vocation unique participe au plan global de Dieu pour l'humanité.

Pour mieux comprendre cela, imaginez un puzzle de 5 000 pièces. Avant de le reconstituer, vous avez sous les yeux sa finalité, un magnifique paysage par exemple. Mais vous savez que chaque pièce est unique avec une place bien définie. Inutile de forcer une pièce qui ne correspond pas à son emplacement ! Cette pièce unique, c'est vous. Vous avez été formés en vue d'occuper une place à part dans la magnifique création de Dieu. Je vous invite à le croire et ainsi à rechercher la place démontrant que vous êtes unique !

Une personnalité unique

La déclaration et la vocation unique venant de Dieu prouvent que nous sommes des personnalités uniques.

Jésus est présenté comme une personne pleine de douceur, compatissante, humble. Il est appelé Prince de la paix, admirable, conseiller… Des traits de personnalité que nous tous aimerions avoir bien sûr. Alors pourquoi Jésus n'a pas choisi des personnes qui lui ressemblent ? Nous voyons tellement de différences entre les douze et Jésus mais aussi entre chacun des apôtres. Ceci nous indique qu'il n'existe pas un type unique de personnalité agréable à Dieu. Évidemment il existe des traits communs que tout enfant de Dieu se doit de posséder. Par exemple l'humilité en fait partie. Mais Dieu veut aussi révéler des caractéristiques uniques définissant pour chacun une personnalité unique.

Nous avons tendance à enfermer les personnes dans des catégories. C'est pratique pour mieux cerner tel type de personne, toutefois ce que nous sommes ne peut être limité par des étiquettes bien formatées. Tous les introvertis ne se ressemblent pas, comme tous les extravertis d'ailleurs. Dieu aime les nuances et les détails. Pour en être convaincu, il suffit de contempler attentivement sa création. À vouloir trop expliquer la personnalité d'un individu, nous risquons de ne plus percevoir les signes de son originalité.

Aux yeux de Dieu vous êtes une personne à part, teintée de toutes les nuances de son empreinte sur votre vie. Seul le divin artiste peut vous le faire reconnaître. Vous n'êtes pas la copie de quelqu'un d'autre mais une œuvre originale voulue par son créateur. Paul nous rappelle un principe créationnel en affirmant que *l'autre est l'éclat du soleil, autre l'éclat de la lune, et autre l'éclat des étoiles ; même une étoile diffère en éclat d'une autre étoile.* (1 Co 15,41)

Il est intéressant de savoir que chaque étoile, créée par Dieu brille d'un éclat particulier ! Surtout lorsque nous savons, aujourd'hui, que le nombre d'étoiles dans le ciel est inquantifiable. Si Dieu a décidé de différencier chaque étoile, alors à plus forte raison il l'a fait pour notre personne.

Vivre selon ses différences

Découvrir son identité unique est important pour vivre selon ce que Dieu veut réellement pour nous.

L'adolescent sait ou possède un vague sentiment de ce qui est différent chez lui. Mais cela ne l'empêche pas de rechercher son identité dans l'appartenance et la ressemblance à un groupe. Ici se trouve tout le paradoxe de l'adolescence ! La grande difficulté est lorsque cette situation demeure à l'âge adulte. Nous pouvons très bien savoir ce qui en nous diffère des autres mais sans jamais pleinement vivre en harmonie avec cela. Je tiens à préciser que je ne parle ici que de ce qui est voulu par Dieu, de ce qu'il a placé dans notre identité profonde.

À ce sujet certains auteurs chrétiens parlent de vivre selon le vrai moi en opposition aux faux-semblants. Il est donc bon, quel que soit votre âge, de vous poser la question : « Est-ce que je vis aussi selon mes différences ? »

Ne plus se cacher

Je me souviens qu'à l'époque de mon adolescence, j'aimais la musique classique. Mais ce n'était pas le style à la mode du moment ! Donc je cachais ce goût musical à mes potes ! Je possédais, d'ailleurs, d'autres goûts qui ne pouvaient pas s'inscrire dans le cadre du style d'ado que certains voulaient décrire.

Aujourd'hui je ne veux plus cacher qui je suis réellement car j'ai compris qu'en faisant cela je perdais la direction de la volonté de Dieu. Vivre selon ses différences commence par ne plus dépenser son énergie à les cacher mais à les laisser s'exprimer.

Jésus, tout au long de son ministère, a pleinement montré sa vocation et sa personnalité unique. Pour preuve, Il a été abondamment critiqué par les religieux qui ne supportaient pas qu'Il sorte du cadre traditionnel. Il nous fait part d'un principe tellement évident :

> *Vous êtes la lumière du monde. Une ville située sur une montagne ne peut être cachée et on n'allume pas une lampe pour la mettre sous le boisseau, mais on la met sur le chandelier, et elle éclaire tous ceux qui sont dans la maison.* (Mt 5,14-15)

J'affirme que Dieu veut que nous montrions à tous ce qui nous rend unique dans notre vocation et notre personnalité.

Imaginez que vous vivez dans une société où tous s'habillent uniquement en vert. Et que justement, le vert, est la couleur que vous détestez ! Que faire ? Une possibilité est de faire semblant en déclarant que le vert est la meilleure des couleurs et que le reste du monde devrait en faire son choix. Une seconde possibilité serait de commencer à montrer que vous préférez une autre couleur, le jaune par exemple. Et un matin vous décidez de porter un peu de jaune dans tout ce vert ! Alors certains regards vont se tourner vers vous pour vous remettre dans le cadre, mais d'autres personnes vont être libérées de l'esclavage du vert grâce à vous !

En disant cela, je pense à tous ceux qui vivent leur vie en Christ sous une forme d'esclavage. Le milieu dans lequel ils évoluent ne leur permet pas d'être eux-mêmes, d'être celui que Dieu a voulu. Ils sont tiraillés par le choix de feindre ou de manifester leur différence.

La réalité est que nous brillerons toujours plus en révélant qui nous sommes réellement plutôt qu'en le cachant.

Au service des autres

« Vivre selon le vrai moi », en montrant qui nous sommes vraiment, n'est pas un appel à vivre marginalement ou excentriquement. N'oublions pas que c'est connectés à la déclaration d'amour et de la vocation unique du Père, que nous pouvons pleinement le vivre. Notre personnalité propre s'exprimera, non pour nous-mêmes, mais pour accomplir la volonté de Dieu.

Jésus nous montre que le fait d'agir dans la conscience de ce qui est unique en soi conduit à un certain nombre de tensions. Tensions externes, par l'opposition de ceux qui aimeraient contrôler notre vie. Tensions internes, par ce désir d'éloigner la souffrance de notre existence. L'objectif étant de servir les hommes afin qu'ils soient sauvés, la motivation de « vivre selon le vrai moi » n'est pas dans une satisfaction personnelle. Elle trouve son énergie dans un service grandissant pour son prochain.

En tant qu'enfant de Dieu, mon identité unique se construit dans ce but. Jésus n'est pas le Messie pour lui mais pour ce monde !

Une pause pour ma vie

Décrivez, si possible, ce que vous avez comme particularité unique à vos yeux

....

....

....

Réfléchissez à comment mettre cette particularité au service des autres selon Dieu

....

....

....

Prenez un temps devant Dieu pour laisser son Esprit éclairer ce que vous avez d'unique et vous inspirer dans son service.

IX

LE PARTAGE
DE MA VIE INTÉRIEURE

Lors de la création de l'être humain, Dieu a déclaré : *Il n'est pas bon que l'homme soit seul ; je lui ferai une aide semblable à lui.* (Gn 2,18) Et Il décida alors de former la femme en la tirant de l'homme.

Certains observateurs, grandement spirituels, auraient pu rétorquer : « Mais l'homme n'est pas seul, il a continuellement Dieu avec lui ! » D'autres auraient pu ajouter : « Il est quand même entouré par une belle compagnie d'animaux ! » Ce que Dieu affirme, dès le commencement, est que tout être humain a besoin d'une relation intime avec une autre personne humaine. Être en relation parfaite avec Dieu ne suffit pas, encore moins la seule compagnie des animaux. L'intimité dont Dieu parle ne peut être vécue qu'en vis-à-vis avec une personne de même nature que nous, tout en ayant ses différences propres. Ainsi le couple homme/femme est institué. Mais ne considérons pas l'intimité comme domaine exclusif des relations conjugales.

Le mot seul du texte biblique est à considérer dans le sens d'isolement au niveau humain. Nous pouvons être célibataires, habitant seul dans un studio mais vivre de véritables relations intimes avec de vrais amis. Nous pouvons aussi être en couple, avec des enfants et, finalement, vivre dans l'isolement car n'ayant construit aucunes relations intimes, même avec son épouse.

L'intimité peut se vivre dans différents types de relations, la première étant celle de l'enfant avec ses parents. Néanmoins, elle apparaît comme l'élément central de la période suivant l'adolescence qui correspond à la tranche d'âge des 20-30 ans

Erik H. Erickson parle de l'étape de la crise intimité/isolement. Le jeune se trouve confronté à deux réalités diamétralement opposées. Celle de s'investir dans une relation intime avec une autre personne ou celle de s'isoler par crainte de se perdre soi-même dans une relation trop proche. Cette crainte de perdre son identité provient du fait que la question « Qui suis-je ? » n'a pas toujours trouvé de réponse stable. Une personne incapable de s'attacher intimement à une autre est souvent une personne demeurant dans une confusion d'identité évoquée dans les chapitres précédents.

Il est important de prendre conscience qu'il n'est vraiment pas bon que l'homme (ou la femme) soit seul. La raison est que vivre l'intimité avec une autre personne permet de connaître des remises en question et des changements personnels. Ces changements seront toujours bénéfiques dans l'évolution de notre relation avec Dieu.

J'ai dit dans le chapitre précédent que la motivation de « vivre selon le vrai moi » n'est pas dans une satisfaction personnelle. Elle trouve son énergie dans un service grandissant pour son prochain. Ce qui m'amène au sujet de la qualité de mes relations.

Tout le développement de la personne de 0 à 20 ans conduit à préparer l'individu à entrer dans une relation particulière avec un vis-à-vis différent de lui-même et de ses parents. De la confiance fondamentale à la certitude d'identité, chaque étape de vie nous prépare à ce moment où nous allons être capables de nous investir dans une relation intime de qualité.

N'oublions pas que la qualité de nos relations d'aujourd'hui dépend fortement de nos expériences relationnelles d'enfants et d'adolescents. L'isolement du jeune n'est que la conséquence du vécu de ses vingt premières années. Et cet isolement peut perdurer toute une vie… Je le répète, je ne parle pas de vivre seul mais de vivre isolé. Être isolé, c'est avoir des camarades mais pas de vrais amis en qui se confier. Être isolé dans votre couple, c'est ne pas s'ouvrir pleinement à son partenaire et résumer l'intimité à un rapport sexuel. Être isolé c'est aussi être visité sans jamais être vraiment écouté.

Soyez convaincus que Dieu vous destine à vivre l'intimité d'une relation privilégiée et non à vivre l'isolement !

Partage et communion

Pour saisir toute la dimension de l'intimité à laquelle l'être humain est destiné, il n'est rien de mieux que de comprendre la relation que Dieu veut que nous vivions avec lui. Nous savons que Dieu est le Père parfait en qui les fonctions paternelles et maternelles sont totalement exprimées par son amour pour ses enfants. Il met tout en œuvre pour nous entraîner dans le vécu de l'intimité avec Lui.

Deux éléments caractérisent l'intimité à vivre avec Dieu : le partage et la communion.

Partager sa vie intérieure

> *Mais, comme il est écrit, ce sont des choses que l'œil n'a point vues, que l'oreille n'a point entendues, et qui ne sont point montées au cœur de l'homme, des choses que Dieu a préparées pour ceux qui l'aiment. Dieu nous les a révélées par l'Esprit. Car l'Esprit sonde tout, même les profondeurs de Dieu.* (1 Co 2,9-10)

Paul parle à plusieurs reprises de mystères concernant Dieu. Un mystère est un élément insaisissable et incompréhensible. C'est ce qui nécessite d'être révélé par son détenteur afin d'être pleinement connu par une autre personne. Paul a reçu de Dieu la révélation de ce qui fut ignoré avant la venue de Jésus-Christ sur terre. Son désir est que tous accèdent à cette révélation selon cette parole donnée aux Colossiens :

Je veux, en effet, que vous sachiez combien est grand le combat que je soutiens pour vous, et pour ceux qui sont à Laodicée, et pour tous ceux qui n'ont pas vu mon visage en la chair, afin qu'ils aient le cœur rempli de consolation, qu'ils soient unis dans la charité, et enrichis d'une pleine intelligence pour connaître le mystère de Dieu, savoir Christ. (Col 2,1-2)

Ceci permet d'affirmer que Dieu veut partager avec ses enfants ses secrets les plus intimes. Ce principe est la base de la relation d'intimité. Le dialogue, les moments passés ensemble, les expériences vécues avec Dieu ne sont que des moyens pour le partage de sa vie intérieure avec nous. Il veut nous ouvrir son monde invisible et les profondeurs de sa pensée et de ses sentiments. Il nous entraîne dans une relation d'amitié selon ce que dit Jésus : *Je ne vous appelle plus serviteurs, parce que le serviteur ne sait pas ce que fait son maître ; mais je vous ai appelés amis, parce que je vous ai fait connaître tout ce que j'ai appris de mon Père.* (Jn 15,15)

Jésus a tout partagé avec ses disciples les plus proches. Il leur a ouvert pleinement son être intérieur. Notre relation avec Dieu devrait avoir comme objectif commun de partager ce qu'il y a de plus profond et de plus secret en chacun de nous. Dieu permet à celui qui Le cherche en Jésus, d'accéder à son intimité. Est-ce que nous sommes aussi disposés à lui laisser un libre accès à notre être le plus profond ?

Je tiens à préciser que nous pouvons vivre l'intimité avec Dieu car le lien construit avec Lui a été activé par la confiance et la liberté d'être soi devant Lui. Nous ne sommes pas dans la peur d'un jugement ou d'une intrusion forcée de notre intimité. Ce qui n'est pas le cas dans l'ensemble de nos relations humaines. Vivre l'intimité avec une autre personne, c'est aussi pouvoir partager sa vie intérieure sans crainte. Nous le savons, de vrais amis partagent leurs secrets, leurs aspirations les plus profondes, leurs ressentis du moment… Ce qui limite forcément le cercle de nos intimes !

Concernant nos relations intimes, il en existe une seule que nous pouvons appeler complète : la relation conjugale. Le partage de toutes nos intimités peut s'y vivre : pensées, sentiments et aussi physiques. L'acte sexuel n'est pas juste un temps de plaisir mais un temps de partage à l'autre de ce que notre corps a de plus intime. Il est vraiment désolant de le banaliser auprès des jeunes. Malheureusement pour certains il est impossible d'entrer dans aucune relation intime. Il a été observé que deux émotions viennent les paralyser à ce niveau. La première est la peur que j'ai déjà évoquée. La peur de l'autre qui trouve sa source dans une relation parentale n'ayant pas permis à la confiance de s'installer. La peur qui est fortement liée à un ensemble de questionnements identitaires sans réponses. Le prochain est considéré comme une menace pour soi-même.

La seconde émotion est le dégoût, qui peut être considéré comme un type de peur mais demeure d'un autre ordre. Le dégoût se manifeste par des réactions de rejet vis-à-vis de la personne qui nous fait face. Par exemple, certaines femmes sont animées de cette émotion vis-à-vis de tous les hommes. La raison principale est majoritairement l'image que le père a laissé de la personne masculine. Ressentir du dégoût pour une personne c'est, inconsciemment, la reconnaître comme toxique pour sa propre vie.

Si vous vous reconnaissez dans ce que je viens de décrire, je vous encourage à vous ouvrir pleinement à Dieu qui saura doucement vous montrer qu'il existe des personnes dont vous n'avez pas à avoir peur ou pour lesquelles il n'y a aucun dégoût à avoir.

Vivre la communion

Le partage de la vie intérieure est le carburant d'une relation intime. Il nous conduit vers une communion réciproque. Cette communion est mise en avant par l'apôtre Jean en ce qui concerne les relations fraternelles.

> *Ce que nous avons vu et entendu, nous vous l'annonçons, à vous aussi, afin que vous aussi vous soyez en communion avec nous. Or, notre communion est avec le Père et avec son Fils Jésus-Christ.* (1 Jn 1,3)

Le mot employé fait référence à l'association entre deux personnes, dans laquelle il existe un partage. Celui-ci consiste en une mise en commun de certaines choses. La communion avec le Père et avec son Fils Jésus-Christ est le résultat de la présence du

Saint-Esprit en nous. Il est même question d'être un seul esprit avec Jésus (1 Co 6,7) !

Je ferai une analogie avec le père et son enfant. Nous avons vu que le rôle du Père est de transmettre à son enfant une parole bienveillante. Dit autrement, un enfant grandit avec la parole ou l'absence de parole de son père. Il existe donc une possibilité de communion entre eux deux. Malheureusement beaucoup n'ont jamais vécu cela avec leur père. Pire encore, à cause de l'indifférence ou de la violence paternelle, certains se sont construit une carapace rendant impossible toute communion avec qui que ce soit.

Si vous vous trouvez dans cette situation, Dieu veut déclencher, en vous, un profond changement. Il désire plus que tout vivre avec vous la vraie communion. Il veut vous faire passer du partage intellectuel de qui Il est au partage émotionnel de ce qui anime son cœur. Personnellement, je sais que je suis en communion avec Lui lorsque mon être intérieur est au diapason avec Celui de mon Père céleste.

Vivre cette communion, c'est rendre possible des relations humaines de communion avec ceux que je peux désigner comme frères et sœurs. Nous connaissons ainsi la réalité de l'intimité voulue par Dieu.

Une relation qui me fait grandir

Une étude du MIT Massassuchet faite en mars 2020 a montré que l'isolement produit sur le cerveau a les mêmes effets que la privation de nourriture. Ce que la science démontre aujourd'hui, Dieu l'a annoncé dès le commencement. Il n'est vraiment pas bon que l'être humain soit isolé !

Le pédopsychiatre D. Winnicott a déclaré « Un bébé ne peut pas exister tout seul, il fait essentiellement partie d'une relation. » C'est la qualité de la relation avec sa mère et son père qui lui permet de bien grandir.

Ce principe reste le même pour toute notre vie. Ce sont les relations d'intimité qui nous permettent de grandir en tant que personne. J'affirme avec force qu'un jeune qui demeure dans l'isolement est un jeune en danger ! Dieu fait un constat mais donne une réponse en disant : *Il n'est pas bon que l'homme soit seul ; je lui ferai une aide semblable à lui.* (Gn 2,18)

Ce qu'apporte une vie intime avec une autre personne est indiqué dans l'expression traduite par « une aide semblable à lui ». Les termes hébreux utilisés sont *« Ezer kenegdo »*. Le premier mot nous parle d'aide comme celle que Dieu donne à ceux qui se confient en Lui, démontrant par là que nous avons besoin de l'autre comme soutien afin d'aller plus loin dans la vie. Le deuxième mot peut prendre diverses tournures. Une version française le traduit par « contre lui » dans le sens d'offrir une résistance à la personne qui nous fait face. Nous le savons, il n'est pas possible de progresser si personne ne nous résiste dans nos façons de faire ou nos croyances.

Le petit enfant se socialise grâce à la résistance offerte par ses parents. Il comprend ainsi que tous ses désirs n'ont pas pour vocation à être tous réalisés ! En tant qu'enfants de Dieu, nous progressons aussi à travers des épreuves qui viennent nous bloquer face à nos conceptions erronées. Antoine de Saint-Exupéry a écrit : « La terre nous en apprend plus long sur nous que tous les livres. Parce qu'elle nous résiste. L'homme se découvre quand il se mesure avec l'obstacle[1]. »

Ce qui me fait dire que toutes nos connaissances, toutes nos psychothérapies, tous nos concepts de vie n'apportent rien si nous ne vivons pas dans l'intimité d'une autre personne.

Si vous vivez dans l'isolement humain, il est grand temps de nommer ce qui vous empêche de vivre une relation intime avec une autre personne. Il est bon de se poser sincèrement la question : Pourquoi n'ai-je aucun ami véritable ? Votre Père céleste est là pour vous éclairer au sujet de cette délicate question. Il sait que cet isolement n'est pas bon pour vous et il aimerait vous présenter une personne qui pourrait devenir une aide qui soit votre vis-à-vis. Je ne parle pas ici d'une rencontre amoureuse mais de partage de sa vie intérieure et de communion fraternelle profonde.

1. Antoine de St Exupéry, *Terre des Hommes*, Gallimard, 1939.

Une pause pour ma vie

Quels sont les obstacles qui vous empêcheraient de partager votre vie intérieure avec quelqu'un ?

....

....

....

En pensant aux personnes qui vous sont le plus proches, pouvez-vous dire que vous partagez une certaine intimité avec elles ?

....

....

....

Présentez à Dieu les obstacles qui vous empêchent de partager votre vie intérieure avec quelqu'un. Demandez-Lui de vous aider à surmonter ces obstacles.

Conclusion

Antoine de Saint-Exupéry a pu écrire « On est de son enfance comme on est d'un pays ». Ce qui, a mon sens, résume bien la réalité de notre vie présente. Nous devons composer avec tous les vécus de l'enfance car ils définissent fortement la personne que nous sommes aujourd'hui. Ils ont formé, tout au long des étapes de notre développement, nos valeurs essentielles afin de mener au mieux notre vie d'adulte.

À l'image des frontières d'un pays notre vie est bel et bien entourée de limites profondément inscrites en nous. De même qu'un pays se définit, entre autres, par sa culture, notre identité s'est forgée dans la culture de notre enfance. De même qu'un pays peut être gouverné par un tyran, certaines de nos pensées et de nos ressentis peuvent être encore sous la tyrannie de traumas de notre enfance.

Nous pourrions nous dire alors que ce que nous n'avons pas acquis au cours de notre enfance est irrémédiablement perdu. Le défaut de confiance, l'initiative brimée, l'impossibilité d'exprimer l'autonomie, nos réalisations bafouées, une confusion d'identité et un isolement profond ne peuvent-ils pas être réparés ? La réponse n'est ni oui, ni non.

Nous devons accepter certaines de nos lacunes en comptant sur la grâce de Dieu au quotidien. Mais nous sommes aussi destinés, en Christ, à marcher sur un chemin de restauration profonde.

L'adulte que nous sommes aujourd'hui n'est pas une finalité, mais une étape de vie. Ne nous laissons pas enfermer par des contraintes provenant de notre passé. Notre espérance actuelle se trouve dans le fait que Dieu est notre Père.

Être une nouvelle création en Jésus-Christ, c'est pouvoir revisiter son enfance, son adolescence et sa jeunesse avec de nouveaux parents ! Ne l'oublions pas.

Dans sa conception du développement humain, E.H. Erikson a voulu mettre au centre la notion d'identité attachée à certaines valeurs fondamentales. Je le cite :

> *Je [...] veux parler d'espoir, de volonté, de motivation, de compétence comme étant les rudiments des vertus acquises pendant l'enfance ; de Fidélité comme la vertu de l'adolescence par excellence et d'Amour, de Sagesse et d'Attention envers les autres, comme les vertus centrales de l'âge adulte*[1].

Ce psychanalyste a présenté ce que Dieu nous annonce dans sa Parole. Il donne à ses enfants, comme possession éternelle, la foi, l'espérance et l'amour (1 Co 13,13).

En Christ nous avons acquis la même foi qui a animé ses premiers disciples. La foi qui ne dépend pas de notre passé et de nos sentiments, mais uniquement de Celui qui exprime sa volonté à travers nos vies. Par le Saint-Esprit nous sommes remplis de l'espérance qui nous propulse au-delà du visible. Cette espérance ne trompe pas car elle est divine. Par Dieu, notre père, nous sommes comblés de l'amour véritable qui suffit à nous donner la Vie.

1. Erik H. Erikson, *Insight and Responsibility*, 1964, p. 113-115.

Aujourd'hui, tel un enfant, vivant ses premières expériences de vie, nous trouvons en Dieu la réalité d'une vie nouvelle.

Je souhaite vraiment que les paroles de ce poème trouvent un écho en vous:

La promesse d'une autre naissance,
Me séduit ravivant mon espérance
Du ciel, traversant toutes frontières,
L'amour vrai d'un père et d'une mère,
Offre à mon rêve son existence.

Comme je l'ai déjà dit, ce livre ne présente pas des recettes miracles mais une proposition de cheminement. Il est donc fait pour être lu plusieurs fois. Je vous invite à prendre le temps de la relecture du chapitre qui vous concerne le plus. Donnez-vous tous les moyens afin d'évoluer vers la vie que votre Père céleste désire tellement pour vous.

Remerciements

Bien qu'étant une activité individuelle, écrire nécessite un travail d'équipe. Ce ne sont pas mes seules capacités qui m'ont permis de devenir auteur.

Je tiens donc à remercier toutes celles et tous ceux qui ont été acteurs, d'une manière ou d'une autre, de l'aboutissement de ce livre. Je ne peux citer tout le monde mais je tiens à remercier en particulier :

Celui qui m'a fait sortir de mes propres prisons de mon enfance : Jésus-Christ. Il est la principale source de mon inspiration. Avec toute mon adoration, merci !

Celle qui a cru et croit toujours en ma réussite : ma douce épouse Fanny. Tes paroles valorisantes et tes conseils me sont précieux. Avec tout mon amour, merci !

Isabelle Faure qui fut ma première correctrice. Tu as su profondément m'encourager dans mes débuts d'écrivain ! Avec toute mon amitié, merci !

Merci à Olivier Gilbert qui a ajouté sa touche aux corrections nécessaires. J'ai apprécié ta sensibilité et ton analyse pleine de finesse sur le contenu de ce livre. Avec toute mon amitié, merci !

Merci à Thierry Legal d'être à mon écoute. Tu as su bien me conseiller pour faire aboutir mes projets. Avec toute mon amitié, merci !

Merci à Ruben Nussbaumer, mon agent littéraire. Tu as eu confiance dans le potentiel de ce livre et tu as su le mettre en valeur. Avec toute ma reconnaissance, merci !

Tables des matières

Composition : PCA/CMB

Achevé d'imprimer
sur les presses de la Nouvelle Imprimerie Laballery
58500 Clamecy

N° d'impression : 404712
Achevé dimprimer : mai 2024
Dépôt légal : mai 2024

Imprimé en France